基金项目：2019年哈密东天山研究院委托项目"中原昆吾国人四千年前西迁哈密考"（2019KMA）

昆吾人西迁哈密研究
KUNWUREN XIQIAN HAMI YANJIU

李文涛　李麦产　著

·郑州·

图书在版编目(CIP)数据

昆吾人西迁哈密研究 / 李文涛，李麦产著. -- 郑州：河南大学出版社，2022.5
ISBN 978-7-5649-4630-2

Ⅰ.①昆… Ⅱ.①李… ②李… Ⅲ.①中国历史-研究-先秦时代 Ⅳ.①K220.7

中国版本图书馆CIP数据核字(2022)第113658号

责任编辑	马　博　时二凤
责任校对	肖凤英
封面设计	马　龙

出　　版　河南大学出版社
　　　　　地址：郑州市郑东新区商务外环中华大厦2401号　邮编：450046
　　　　　电话：0371-86059701(营销部)
　　　　　　　　0371-22860116(人文社科分公司)
　　　　　网址：hupress.henu.edu.cn
排　　版　河南大学出版社设计排版部
印　　刷　广东虎彩云印刷有限公司
版　　次　2022年5月第1版　　　　　印　次　2022年5月第1次印刷
开　　本　787 mm×1092 mm　1/16　　印　张　11
字　　数　202千字　　　　　　　　　定　价　29.80元

版权所有·侵权必究
(本书如有印装质量问题，请与河南大学出版社营销部联系调换)

前 言

位于我国新疆东部的哈密,是一块具有悠久历史、显赫地位的宝地。

七角井遗址的新近考古材料说明,距今1.1万年的时候,这里已经有了人类活动①。在恢宏而漫长的历史进程中,哈密成为中原王朝进出"西域"的重要节点以及经营新疆的关键支撑。在航海时代到来之前的中西方之间的文化互动互鉴、文明交流交融主要是借助陆上丝绸之路进行的,哈密遂又成为某些文化文明要素西来、"西域人"或"西方人"由此东去的通道,也是亚洲东部核心区域的中华文化、华夏文明向西传播的重要通道。因此,说哈密是"锁钥""咽喉"等,确是实至名归而无丝毫夸张。

特殊的地理环境,让哈密呈现出地域辽阔、风光壮美等鲜明特征。但由于除绿洲、河谷、草原之外的其他区域的环境承载能力有限,哈密历史上所出现或发生的人类与族群的创造性活动主要集中在一些绿洲、河谷、草原之上。寻觅哈密这块土地上的人类活动迹象及其历史遗存,也应当主要注目和倾力于这些地方。这亦成为当代哈密市考古寻踪或寄思凭吊所表现出的一个亮点。

岁月易逝,往昔难追。哈密大地上的早期人类活动与各种历史演义,虽也波澜壮阔或有声有色——那累累史迹或次第进行的考古发现

---

① 冯玥,黄奋,李文成,等.新疆哈密七角井遗址2019年调查新发现[J].人类学学报,2021,40(6):1086-1095.

皆能够证明,但由于早期文献记载的稀少或阙如,真正把先秦时期的哈密历史梳理得较为清晰一些,确属比较困难。因为,越是早期人们活动的历史信息,在穿越时光隧道而往后传递的时候,其被过滤、截留、阻断的情况便愈多发,往后传递的信息量就会愈加稀少而珍贵。

历史是人的历史,考古发现或遗存也是古人在大地之上的客观记录与真实留影。在哈密地区的历史帷幕上曾先后闪现过诸如匈奴、柔然、突厥、高车、回鹘等古代族群的身影,当今的哈密更是维吾尔族、哈萨克族、汉族等多民族和谐共处与幸福生产生活的地方,但这些古代族群或当今民族与该土地所建立的密切联系都属于相对较晚的事情。概言之,这些族群与这块土地的血脉之缘,大致从战国时期的中后期或更晚的时候才逐渐形成。

在战国时期之前的几千年内,那些在哈密辽阔的土地上繁衍、生活、发展的人又是谁呢?

综合目前各种有效材料,可知:在哈密地区出现得最早的,有着较清楚身影、明确族群名称的人们,应当是在夏商王朝更迭之际从中原辗转迁徙而来的昆吾族人。公元前 1600 年,他们经过河西走廊,纵跨千万里,来到哈密,在此定居、开发、繁衍,成为目前所知的面目最为清晰的哈密早期开发者、居住民。

昆吾族群是怎样的一个古代人群?他们因何青史留名?又通过什么样的方式与哈密产生了联系?这些问题或悬念,颇值得思索与推敲。

昆吾族群是夏商时期活跃的一支族群,对夏朝历史产生了重要的影响。对这一族群的研究,比较早的是何光岳先生,在其著作《楚源流史》中,曾专设一章——"昆吾氏诸国的分布和迁徙"来研究昆吾族群。何先生认为昆吾族群的活动地区西至昆仑山。[1] 但何先生以地名判断族群的迁徙,将连词昆吾看作一个词,即昆,把历史上所有与昆有关的地名排列,认为都与昆吾族群活动相关,在逻辑上存在一定的问题。此外,关于昆吾与夏之间的关系,他在《夏源流史》[2]里也未深究,即将其排除在夏族群之外。此后,余太山先生在《昆吾考》中整理了先秦时期

---

[1] 何光岳.楚源流史[M].长沙:湖南人民出版社,1988:25-52.
[2] 何光岳.夏源流史[M].南昌:江西教育出版社,1992.

的昆吾族群的活动,认为昆吾族群迁徙至哈密[①],此认识无疑属于重大发现性质的高见。张国硕先生结合考古发现与文献记载,认为郑州附近的望京楼遗址为夏朝中晚期昆吾族群活动的区域[②],是从考古学角度研究昆吾族群的新见。李文涛从昆吾族群掌握冶金技能出发,认为冶金族群为王族直接控制,昆吾族群的移动与夏都的迁徙密切相关[③],也见仁见智。

此外,还有学者研究夏朝灭亡后夏遗民的迁徙问题。王国维在《鬼方昆夷玁狁考》中指出了三者的同源,认为夏朝遗民为匈奴,此后西迁至中亚。王克林认为,夏遗民经新疆西迁至中亚,大夏即为夏遗民之后[④]。张锟亦认为,夏遗民也西迁至今天甘肃临夏至张掖一带[⑤]。不过,这些学者对夏遗民的构成并没有进行深入研究。

夏朝的时候,昆吾族群曾与夏后族群联合统治;夏朝灭亡后,向西迁徙的是哪一个族群的后裔呢?学者并未深入讨论。研究者未对昆吾族群迁徙至哈密进行深入研究,也未深入研究昆吾族群的起源等问题。

本书坚持文献与考古资料相结合的研究方法,并适当借鉴民俗学和人类学等方法,多重证据并用,系统梳理文献中关于昆吾族群的族源、嬗变等内容,并从考古学角度对昆吾族群向西北移动并到达新疆哈密地区的过程进行了综合分析。

通过研究昆吾族群及其迁徙至哈密,可以深化我们对先秦史以及哈密本地历史的认识与理解,对研究夏商等历史、认识先秦族群移动,以及东天山历史的研究等,也有一定的参考意义。

可以明确而肯定地说:3600年前的时候,曾经作为夏王朝同盟者、中原地区的昆吾族人,经过长距离的迁徙,最后到达哈密,并促进了当

---

① 余太山.昆吾考[M]//钱伯城,李国章.中华文史论丛:第58辑.上海:上海古籍出版社,1999:245-257.
② 张国硕.望京楼夏代城址与昆吾之居[J].苏州大学学报(哲学社会科学版),2012(1):184-190;张国硕.夏代晚期韦、顾、昆吾等方国地望研究[J].中国历史地理论丛,2015,30(2):83-89,147.
③ 李文涛.先商时期昆吾迁徙考[J].重庆文理学院学报(社会科学版),2016,35(6):63-66.
④ 王克林.从出土文物看夏遗民的迁徙[J].考古与文物,2001(2):48-53.
⑤ 张锟.大夏与夏遗民的迁徙[J].历史教学,2016(10):33-36,42.

地早期的开发、建设。

关于昆吾族群在商汤革命的时候,从中原出发,向西迁徙到今新疆哈密地区,前述专家、学者已敏锐地意识到,并指出了事件发生的时空方位、轮廓路径等;一些具有睿智眼光和深厚学识的领导也及时地关注到了这个兼具历史意义、现实意义的课题。只是他们投身于更重要的学术问题或忙碌于夙兴夜寐的伟业,无法进一步开展资料搜索、文献爬梳等工作,才给予了我们一个乘势而上的机会。我们能够借用相关专家和领导的意见、认识、看法,在历史的雾团中遁迹而行,初步达到这样一个研究成果,既倍感荣幸,也甚为感激!

由于我们自身学识、能力等有限,对史实的爬梳或者对某些问题的理解,都可能会存在这样或那样的瑕疵,出现认识或表达方面的紊乱,甚或谬误,也距离当初预设的理想研究状态与结果呈现有较大差距。这些不足,将敦促我们后续思考,并不断完善、改进、提高,也期待各位有识之士不吝赐教。

海南热带海洋学院的李文涛博士承担文献研究部分,撰写了第一章至第五章;河南大学的李麦产博士负责考古部分的分析、论证,撰写了第六章。整个研究过程的组织、联络以及全书的统稿诸事宜,均由河南大学徐飞副教授承担。

目　录

第一章　夏朝时期昆吾族群的活动 …………………………………… 1
　　一　昆吾族群的族属 ………………………………………………… 1
　　二　昆吾族群的技艺 ………………………………………………… 4
　　三　昆吾族群与石峁遗址 …………………………………………… 7
　　四　昆吾族群与夏后族群的关系 …………………………………… 9
　　五　昆吾族群在夏朝的发展 ………………………………………… 14
　　六　昆吾族群对晋南的控制 ………………………………………… 20

第二章　大夏迁徙诸问题 ……………………………………………… 29
　　一　东西大夏问题 …………………………………………………… 29
　　二　《逸周书》中记载的大夏 ……………………………………… 33
　　三　大夏之盐 ………………………………………………………… 36
　　四　西伐大夏 ………………………………………………………… 39
　　五　迁实沈于大夏 …………………………………………………… 44
　　六　北过大夏 ………………………………………………………… 52

第三章　夏朝遗民的迁徙 ……………………………………………… 54
　　一　北迁为禺氏 ……………………………………………………… 55
　　二　夏遗民西北迁徙 ………………………………………………… 59

第四章　商朝时期昆吾族群的动向 …………………………………… 69
　　一　中原地区昆吾族群的情况 ……………………………………… 69
　　二　昆吾遗民对晋南商势力的骚扰 ………………………………… 74

三　昆吾族群西北移动 ································ 86
第五章　周朝时期昆吾族群的活动 ···················· 102
　　一　鬼方、隗姓与昆吾的关系 ······················ 102
　　二　隗姓晋北移动 ································ 113
　　三　隗姓西北移动 ································ 116
第六章　西迁之路遥远却真切 ························ 121
　　一　文献之外何以证明昆吾人之西迁 ················ 121
　　二　与哈密相关的甘青及中原地区若干考古学文化述略 ····· 123
　　三　哈密地区两支重要的考古学文化之内涵及其与相关文化的
　　　　关系 ·· 133
　　四　哈密与甘青及中原地区的考古学文化的交流互动 ····· 140
　　五　史前时期哈密地区与中原直接来往的证明 ·········· 149
　　六　葬式、葬俗上的某种意蕴或指向性 ················ 159
结　论 ·· 163
　　一　关于中原昆吾族人的认识有根有据 ················ 163
　　二　哈密之称"昆吾"当是由中原昆吾族群的迁徙而得名 ····· 165
　　三　文献与考古俱证实昆吾族群曾西迁到达哈密 ·········· 166

第一章　夏朝时期昆吾族群的活动

一　昆吾族群的族属

昆吾族群的起源,《史记·楚世家》记载:"楚之先祖出自帝颛顼高阳。高阳者,黄帝之孙,昌意之子也。高阳生称,称生卷章,卷章生重黎。重黎为帝喾高辛居火正,甚有功,能光融天下,帝喾命曰祝融。共工氏作乱,帝喾使重黎诛之而不尽。帝乃以庚寅日诛重黎,而以其弟吴回为重黎后,复居火正,为祝融。吴回生陆终。陆终生子六人,坼剖而产焉。其长一曰昆吾;二曰参胡;三曰彭祖;四曰会人;五曰曹姓;六曰季连,芈姓,楚其后也。"①《世本》记载:"吴回氏产陆终,陆终娶于鬼方氏之妹,谓之女隤。是生六子。孕三年,启其左胁,三人出焉,破其右胁,三人出焉。"②

《大戴礼记·帝系》也有类似的记载:"黄帝居轩辕之邱,娶于西陵氏。西陵氏之子谓之嫘祖氏,产青阳及昌意。青阳降居泜水,昌意降居若水。昌意娶于蜀山氏。蜀山氏之子谓之昌濮氏,产颛顼。颛顼娶于滕奔氏。滕奔氏之子谓之女禄氏,产老童。老童娶于竭水氏。竭水氏

---

① 司马迁.史记:第5册[M].北京:中华书局,1959:1689-1690.
② 秦嘉谟,等.世本八种[M].宋衷,注.上海:商务印书馆,1957:13.

之子谓之高缊氏,产重黎及吴回。吴回氏产陆终。陆终氏娶于鬼方氏。鬼方氏之妹谓之女隤氏,产六子;孕而不粥,三年,启其左胁,六人出焉。其一曰樊,是为昆吾;其二曰惠连,是为参胡;其三曰籛,是为彭祖;其四曰莱言,是为云郐人;其五曰安,是为曹姓;其六曰季连,是为芈姓。"①

《史记·楚世家》和《大戴礼记·帝系》中关于楚人的世系有不同之处,也影响探讨昆吾族群的相关问题。安徽大学2015年入藏的一批战国时期的楚国竹简中的官修史书部分则显示,"楚早期世系为帝颛顼生老童,是为楚先。老童生重及黎、吴及韦(回)。黎氏即祝融,有子六人,其六子曰季连,是为荆人"②。安大楚简与其他文献记载有很大不同。其中之一是无陆终此人,是祝融黎生六子而非陆终生六子;故而文献中记载的陆终应该是祝融。

如果没有陆终此人,陆终六子实则为祝融六子。《山海经·大荒西经》记载:"有北狄之国。黄帝之孙曰始均,始均生北狄。有芒山。有桂山。有榣山。其上有人,号曰太子长琴。颛顼生老童,老童生祝融,祝融生太子长琴,是处榣山,始作乐风。有五采鸟三名:一曰皇鸟,一曰鸾鸟,一曰凤鸟。"③"太子长琴"可视为"大子长琴",宋朝虞汝明《古琴疏》记载有:"祝融取榣山之榇作琴,弹之有异声,能致五色鸟舞于庭中。琴之至宝者,一曰皇来,二曰鸾来,三曰凤来。故生长子,即名曰琴。"太子长琴也即是昆吾。《山海经·大荒西经》还记载:"大荒之中,有龙山,日月所入。有三泽水,名曰三淖,昆吾之所食也。有人衣青,以袂蔽面,名曰女丑之尸。有女子之国。有桃山。有䖜山。有桂山。有于土山。有丈夫之国。有弇州之山,五采之鸟仰天,名曰鸣鸟。爰有百乐歌儛之风。"④"昆吾之所食"地点与"太子长琴"所居之地相近,又可证昆吾即太子长琴。昆吾与黄帝之孙始均居住在北狄一带,也暗示着昆吾族群起源于西北地区。

此外,与昆吾族群有血缘关系的夏族群,尧舜时期活跃在崇山地

---

① 大戴礼记译注[M].黄怀信,译注.上海:上海古籍出版社,2019:174-175.
② 黄德宽.安徽大学藏战国竹简概述[J].文物,2017(9):58.
③ 山海经译注[M].陈成,译注.上海:上海古籍出版社,2014:346.
④ 山海经译注[M].陈成,译注.上海:上海古籍出版社,2014:348-349.

区,此地区现在多认为是山西临汾塔儿山一带。① 但夏族起源于何地,一直有争议,有人以为在古河济地区,即以今濮阳为中心的区域②;有人以为在豫西③。无论是豫西还是河济地区的说法,主要建立在二里头文化是夏文化的基础之上;但最新的研究表明,二里头出现的时间不早于公元前1880年,是故夏族兴起于豫西与古河济之说有待进一步讨论。陶寺遗址的发现,为夏族活跃于塔儿山一带提供了证据。

但塔儿山显然也不是夏族起源之地,"崇"这一地名应是夏族移动过程中带入此地的地名。《左传·宣公元年》记载:"晋欲求成于秦,赵穿曰:'我侵崇,秦急崇,必救之。吾以求成焉。'冬,赵穿侵崇,秦弗与成。"④可见,崇地应在今陕西关中附近。《太平御览·州郡部》记载:"《帝王世纪》曰:夏鲧封崇伯,故《春秋传》曰:'谓之有崇伯鲧,国在秦晋之间。'《左氏传》曰'赵穿侵崇'是也。"⑤《通典·州郡·古雍州》记有:"鄠,夏有扈国亦谓之观扈,至秦改为鄠。姚察《训纂》云:'户、扈、鄠三字,一也。'殷有崇国,皆在此界。有甘亭,启战处。"⑥《元和郡县图志·关内道·同官县》记载:"周酆宫,周文王宫也,在县东三十五里。《诗》云'既伐于崇,作邑于丰',是也。崇侯无道,文王伐之,命无杀人,无坏室。崇人闻之,如归父母。遂虏崇侯,作丰邑。崇国在秦、晋之间。"⑦可知关中可能是夏族活动的区域。夏族兴起,可能在更西的地区,朱骏声在《说文通训定声》中对"夏"字的注解为:"就全地言之,中国在西北一小隅。故陈公子少西字夏,郑公孙夏字西。"⑧吴锐认为夏起源于西

---

① 刘铮."崇山"即"塔儿山"说新证——夏族起源新探之二[J].中原文化研究,2015(2):123-128.

② 沈长云.夏后氏居于古河济之间考[J].中国史研究,1994(3):113-122;沈长云.说"夏族":兼及夏文化研究中一些亟待解决的认识问题[J].文史哲,2005(3):61-68;沈长云.夏族兴起于古河济之间的考古学考察[J].历史研究,2007(6):4-16.

③ 张国硕.从夏族北上晋南看夏族的起源[J].郑州大学学报(哲学社会科学版),1998,31(6):101-105.

④ 春秋左传集解[M].上海:上海人民出版社,1977:534.

⑤ 李昉,等.太平御览[M].北京:中华书局,1960:753.

⑥ 杜佑.通典:全12册[M].王文锦,王永兴,刘俊文,等点校.北京:中华书局,2016:4497.

⑦ 李吉甫.元和郡县图志[M].贺次君,点校.北京:中华书局,1983:30-31.

⑧ 说文通训定声[M].清道光二十八年刻本.

北,可能在甘肃附近①。

如果夏族兴起于西北,作为夏族母系的成员,昆吾族群也应该起源于西北地区。

另外,根据相关材料来看,昆吾母为鬼方氏女嬇;女嬇怀孕后出现难产现象,最后"胁生"而产六子。学者以"胁生"传说为印欧特有,故鬼方氏为印欧语族之嫌疑不能排除,则昆吾族群也有印欧人血统。② 此说有待进一步考查,但昆吾族群具有草原族群血统的可能性是存在的。《左传·哀公十七年》记载:"公(指卫庄公)入于戎州己氏。初,公自城上见己氏之妻发美,使髡之,以为吕姜髢。"③己氏之戎是昆吾氏后裔,其妻头美发好,卫庄公取其头发给自己的夫人做成假发;从中可见己氏之戎存在一定的草原族群血统,春秋时期还在外表上有一定的表现。山西绛县横水倗国墓中出土的倗仲鼎,铭文为:"倗仲作毕媿媵鼎,其万年宝用。"可知倗国国君是"怀姓九宗",为鬼方氏后裔。根据出土的人骨鉴定,其中一具人骨有北方游牧民族成分④。不过倗国墓中出土的人骨遗传性与现代中原汉族遗传特征最为接近,可能是长期生活在中原地区的结果。到了西周中期,在外面特征上已与草原族群特征相距甚远,而具有典型的蒙古人种特征。⑤

二 昆吾族群的技艺

昆吾族群善于冶金。《墨子·耕柱》记载:"昔者夏后开使蜚廉采金

---

① 吴锐.中国上古的帝系构造[M].北京:中华书局,2017.
② 余太山.昆吾考[M]//钱伯城,李国章.中华文史论丛:第58辑.上海:上海古籍出版社,1999:245-257.
③ 春秋左传集解[M].上海:上海人民出版社,1977:1832.
④ 李红杰.中国北方古代人群Y染色体遗传多样性研究[D].长春:吉林大学,2012:60.
⑤ 王伟.山西绛县横水西周墓地人骨研究[D].长春:吉林大学,2012:91-94.

于山川,而陶铸之于昆吾。"①《逸周书·大聚》记载:"武王……乃召昆吾,冶而铭之金版,藏府而朔之。"②表明昆吾族群是一个善于冶金的部落。

昆吾族群还善于制作陶器。《吕氏春秋·审分览·君守》记载:"奚仲作车,苍颉作书,后稷作稼,皋陶作刑,昆吾作陶,夏鲧作城。此六人者所作当矣,然而非主道者。"③根据《说文解字·壶》记载:"昆吾,圜器也。象形。从大,象其盖也。"④也就是说,在汉代,人们也把圆球状的盛器的壶称为"昆吾"。这种称呼大概与昆吾族群善于制作陶器有关。《尔雅·释器》中有"盎谓之缶,瓯瓿谓之瓵,康瓠谓之甈。"⑤"康瓠"与"昆吾"音近,疑当时也将甈(一种瓦器)命名为康瓠。

昆吾族群还善于制作玉器。《列子·汤问》记载:"周穆王大征西戎,西戎献锟铻之剑,火浣之布。其剑长尺有咫,练钢赤刃,用之切玉如切泥焉。"⑥《博物志·异产》记载:"《周书》曰:西域献火浣布,昆吾氏献切玉刀。火浣布污则烧之则洁,刀切玉如腊。布,汉世有献者,刀则未闻。"⑦有学者认为"昆吾之刀"是加工玉石的金刚石⑧。《管子·侈靡》记载:"佶、尧之时,混吾之美在下,其道非独出人也。"⑨"混吾"即昆吾,"混吾之美"指铜和玉石。昆吾族群善于加工玉石,这与历史上的玉石崇拜有关。

昆吾族群善于冶金、制陶与制作玉器,与其昆吾母系女嬇来源于鬼方部落有关。鬼方部落起源于西北⑩,而西北是中国冶金术本土化地

---

① 墨子[M].毕沅,校注.吴旭民,校点.上海:上海古籍出版社,2014:217.
② 朱右曾.逸周书集训校释[M].上海:商务印书馆,1940:65.
③ 许维遹.吕氏春秋集释[M].北京:中华书局,2009:443.
④ 许慎.说文解字:附音序、笔画检字[M].徐铉,校定.北京:中华书局,2013:214.
⑤ 尔雅[M].管锡华,译注.北京:中华书局,2014:358.
⑥ 杨伯峻.列子集释[M].北京:中华书局,1979:189.
⑦ 博物志[M].郑晓峰,译注.北京:中华书局,2019:73.
⑧ 赵丽云.论中国古代钻石名称的演化及其认知[J].西南科技大学学报(哲学社会科学版),2018,35(1):14-19.
⑨ 黎翔凤.管子校注[M].北京:中华书局,2004:627.
⑩ 张正明.楚史[M].武汉:湖北教育出版社,1995:21;张海.商周时期的鬼方、媿姓族氏及其华夏化[J].殷都学刊,2015(2):1-9.

区。一般认为,世界冶金术大致在8000年前左右发源于近东地区;大致在距今4300年前,传入我国西北;经今新疆西北部、天山中段、哈密盆地、河西走廊而及河湟地区,最终至中原内地。也有学者认为,早期冶金技术经过南西伯利亚、蒙古高原传入黑水河流域,经过河西走廊再达到中原地区。在河西走廊地区,冶金术出现了本土化。① 作为与西北地区有密切联系的昆吾族群,从中获得了冶金技术。与此同时,西北地区也是早期玉器之路的主要途经地区②,也是在这种情况下,昆吾族群掌握了加工玉器的技术,甚至可能参与或者控制了玉器贸易。

昆吾族群还善于观测天文。《史记·天官书》记载:"昔之传天数者:高辛之前,重、黎;于唐、虞,羲、和;有夏,昆吾;殷商,巫咸;周室,史佚、苌弘;于宋,子韦;郑则裨灶;在齐,甘公;楚,唐昧;赵,尹皋;魏,石申。"③昆吾族群还善于占卜。《归藏》记载:"昔者,河伯筮与洛伯战而枚占,昆吾占云:不吉。"④先秦时期,观测天文的人员与从事占卜的都属于巫师系统,在商朝中期之前,巫师系统拥有的神权极大,有时王权也要听命于神权。商朝中后期之后,经过长期的斗争,王权战胜神权,其重要的表现就是甲骨文卜筮中,有关祭祀的比例大为降低。⑤ 在《尚书·牧誓》中,周武王指出了商纣王的三条罪状:"今商王受,惟妇言是用,昏弃厥肆祀弗答;昏弃厥遗王父母弟不迪,乃惟四方之多罪逋逃,是崇是长,是信是使,是以为大夫卿士,俾暴虐于百姓,以奸宄于商邑。"⑥这三条罪状就是听信妇人的话,不举行祭祀活动,不任用亲属为官。这从一个侧面上反映了神权的衰落。昆吾族群掌握神权,故而与夏部落以及夏王之间的关系十分微妙。

---

① 陈坤龙,梅建军,王璐.中国早期冶金的本土化和区域互动[J].考古与文物,2019(3):114-121.
② 叶舒宪.丝绸之路还是玉石之路:河西走廊与华夏文明传统的重构[J].探索与争鸣,2013(7):27-29.
③ 司马迁.史记:第4册[M].北京:中华书局,1959:1343.
④ 转引自天中记[M].清文渊阁四库全书本.
⑤ 王奇伟.论商代的神权政治:兼论商代的国家政体[J].殷都学刊,1998(3):5-8.
⑥ 尚书今古文注疏:第2册[M].孙星衍,注.上海:商务印书馆,1934:111-112.

三 昆吾族群与石峁遗址

石峁城址位于今陕西北部神木县高家堡乡石峁村的秃尾河北侧山峁上,城址最早当修建于龙山中期或略晚,夏时期毁弃,是我国北方地区的超大型中心聚落。规模宏大的石砌城墙与以往发现的数量庞大的石峁玉器,显示出石峁遗址在北方文化圈中的核心地位。石峁城址面积在400万平方米以上,规模大于年代相近的良渚遗址、陶寺遗址等,当是目前所见中国史前时期最大的城址。根据测年结果,石峁城修建年代不早于公元前2300—前2200年,废弃年代不晚于公元前1900—前1800年。①

石峁城址的性质,沈长云以为是黄帝都邑②,王红旗则认为是黄帝都城昆仑③。而张怀通则认为石峁城址为上古西夏都邑④。吕智荣以为是共工氏族群后裔北狄所建,因为先秦时期陕晋冀和内蒙古鄂尔多斯地区是古代狄族先民活动的大本营⑤。韩建业则认为是黄帝族之后北狄族群所建城址⑥。笔者认为,石峁城址可能是多个族群的活动中心。在尧舜禹时期,统治结构是一种邦国林立、族邦联盟的复合制国家结构。⑦ 故而石峁城址应该是多个族群联合的统治中心,其核心可能是北狄,昆吾族群是其中重要的参与者。

---

① 邵晶.试论石峁城址的年代及修建过程[J].考古与文物,2016(4):102-108.
② 沈长云.石峁古城是黄帝部族居邑[N].光明日报,2013-03-25(15);沈长云.华夏族、周族起源与石峁遗址的发现和探究[J].历史研究,2018(2):4-17,190.
③ 王红旗.神木石峁古城遗址当即黄帝都城昆仑[J].百色学院学报,2014,27(5):19-21.
④ 张怀通.谁的石峁:石峁古城系上古西夏都邑[N].中国社会科学报,2015-03-18(A05).
⑤ 吕智荣.从石峁到李家崖[J].榆林学院学报,2018,28(5):1-3.
⑥ 韩建业.石峁人群族属探索[J].文物春秋,2019(4):13-17.
⑦ 王震中.清华简《厚父》篇"答繇"与虞夏两代国家形态结构[J].南方文物,2016(4):151-154.

石峁遗址出土了 23 件乐器即口簧。"这批口簧集中出土于石峁遗址皇城台东护墙北段的第四层堆积之中",与口簧共存的还有"大量陶器、骨器、石器、玉器等古代遗物,其中陶器包括双鋬鬲、单把鬲、粗柄豆等,都具有典型的河套地区龙山时代晚期陶器特征。同时通过碳 14 测年,可以判断这些口簧约距今 4000 年左右。而石峁口簧的制作需要经过切磨骨片、剔刻簧舌、簧尾钻孔、精细加工等步骤,这说明在那一时期人们使用工具的能力与器物加工水平都已具有相当水准"。①

石峁遗址出土大量玉器。戴应新统计,20 世纪六七十年代,神木县高家堡镇土产公司至少收购了一千五六百件石峁玉器,神木县外贸局把玉器转售北京总公司,加工玉器以供出口,赚取外汇。由于仅着眼于买玉料,只收购质地较好的大料,质地较差或者是小玉器一律不收,故而还有不少玉器散落在民间。② 另外,新中国成立前后通过各种渠道流入西方各个博物馆的石峁玉器,据估计不少于 2000 件。在神木县,有的收藏家手中有近千件石峁玉器。③ 加上其他民间收藏的以及流向其他省份的,石峁出土的玉器是非常多的。石峁玉器主要由墨玉、玉髓、石英岩、大理石岩、蛇纹石岩以及一些超基性变质岩和酸性硅酸岩质料组成,属于软玉系列,有些还不是玉而是美石。石峁玉石主要来自甘肃、内蒙古以及关中本地。石峁陶器器形大,种类多,加工精致。石峁玉器加工主要采用泥条盘筑、模制和轮制三种制作方式;石峁玉器制作过程中,在开料、造型、磨研、雕琢、抛光和雕刻上显示了较高的水平。④ 胡文高的观察表明,石峁玉器在加工过程中,能把 0.5 厘米的玉璧完整破成两个,但采用哪种开料技术还有待研究。

石峁遗址的皇城台附近,集中出土 100 余片卜骨,可能暗含了皇城台的信仰和宗教功能。伴随这些卜骨出土的还有针、镞、锥等小件工具

---

① 杨一苗.陕西石峁遗址出土乐器口簧见证欧亚文化交流[EB/OL].(2019-09-22)[2021-11-08].http://www.xinhuanet.com/2019-09/22/c_1125025363.htm.
② 戴应新.回忆石峁遗址的发现与石峁玉器:上[J].收藏界,2014(5):44.
③ 胡文高.我的收藏经历和石峁玉器[J].收藏界,2013(8):29.
④ 戴应新.神木石峁龙山文化玉器[J].考古与文物,1988(C1):242-244.

类器物,大量骨料以及砺石、石刀等制骨工具。① 此外,石峁城址还出土了青铜石范,青铜石范不一定是本地的②,但也可以表明,控制石峁城址的族群了解石范的功能,也暗示着石峁城址附近有可能存在大规模的冶炼中心。此外,皇城台废弃物中发现了200多片陶瓦残片,同样暗示石峁族群有可能掌握了制瓦技术。《史记·龟策列传》记载:"桀为瓦室。"③《世本》记载:"舜始陶,夏臣昆吾更增加也。"④《尸子》记载:"昆吾作陶。"⑤昆吾族群在夏桀时期为其造瓦屋,这说明昆吾族群掌握了制瓦技术。史书记载瓦屋出现在夏桀时期,但制瓦技术比较早的时候应该就已出现。石峁遗址中包含陶瓦的残片,说明制瓦技术比较成熟。

这些出土文物表明,石峁城址中存在懂得乐器制作、玉器制作以及了解青铜冶炼和掌握制瓦技术的族群,在龙山时代的北方,这个族群应该是昆吾族群。因此,石峁遗址可以视为昆吾族群与北狄族群联合控制的区域。

四 昆吾族群与夏后族群的关系

有材料表明昆吾族群与夏族群有相同的母系,均为妘姓。《汉书·古今人表》之中,颜师古对"昆吾"的注释是:"妘姓国也。三者(指韦、顾、昆吾)皆汤所诛也。"⑥这表明,昆吾为妘姓,即表明己姓即妘姓。

又《国语·晋语八》记载:"郑简公使公孙成子来聘,平公有疾,韩宣子赞授客馆。客问君疾,对曰:'寡君之疾久矣,上下神祇无不遍谕,而

---

① 陕西省考古研究院,榆林市文物考古勘探工作队,神木市石峁遗址管理处.陕西神木石峁遗址皇城台地点考古取得重要收获,皇城台台顶格局和轮廓更加清晰,发现精美石雕[N].中国文物报,2019-01-11(8).
② 苏荣誉.关于中原早期铜器生产的几个问题:从石峁发现谈起[J].中原文物,2019(1):26-31.
③ 司马迁.史记:第10册[M].北京:中华书局,1959:3235.
④ 秦嘉谟,等.世本八种[M].宋衷,注.上海:商务印书馆,1957:360.
⑤ 汪继培.尸子译注[M].上海:上海古籍出版社,2006:81.
⑥ 班固.汉书:第3册[M].北京:中华书局,1962:884.

无除。今梦黄熊入于寝门,不知人杀乎,抑厉鬼邪!'子产曰:'以君之明,子为大政,其何厉之有？侨闻之,昔者鲧违帝命,殛之于羽山,化为黄熊,以入于羽渊,实为夏郊,三代举之。夫鬼神之所及,非其族类,则绍其同位,是故天子祀上帝,公侯祀百辟,自卿以下不过其族。今周室少卑,晋实继之,其或者未举夏郊邪？'宣子以告,祀夏郊,董伯为尸,五日,公见子产,赐之莒鼎。"①

对于"董伯为尸"之事,韦昭注释为:"董伯,晋大夫。神不歆非类,则董伯其姒姓乎!尸,主也。"②古有"灭国不绝嗣"的传统,因此董国当是昆吾董国之后,但晋平公让董伯去祭祀夏代祖先,表明董伯似是姒姓之后。故韦昭怀疑董伯为姒姓,进而可推论已姓即姒姓。

董增龄在《国语正义》中解释道:"禹母修己吞薏苡而生禹,故姓姒。'薏苡',古通作'意苢',苢从反已,已者四月阴阳已出,阴气已藏,万物见成文章,故氏有夏。则苢有终已之义,是已姓即姒姓,韦故以董伯为姒姓也。"③

刘师培《姒姓释》认为:"《郑语》叙祝融裔以己为姓,有昆吾、苏顾、温董。祝融祖高阳,是己姓兼出颛顼,与青阳夷鼓之己姓不同,然均为辰巳之巳,非人巳之巳。夏代亦祖颛顼,夏为姒姓,姒姓不见《晋语》,疑亦巳姓异文,姒从目声,古或作妑（《汉刘夫人碑》),巳目古通《广雅》巳似也。《说文》'巳目也,又云已用也,从反已'),故姒巳同文。《汉书·人表》颜注以昆吾为姒姓国,则祝融后裔之巳古亦作姒。窃疑昆吾、顾、温勤于辅夏,由于世系相同。巳姒二姓由同而分,犹陈田古通,复分为陈耳。观巳为少昊之姓,昧为少昊裔,子生允格台骀,而台骀之后复有姒国,则允姒二字亦均巳字殊文。以彼例此其证益昭。又杞为夏裔,杞亦姒字异文,犹尧为刘姓,其后封黎也。杞即今本《说文》枑字,唐本《说文》正作杞,此其确证。后人不见从木从巳之杞,乃以枸杞之杞况其音。而颛顼后裔之巳姓亦有以字之音相况者,误矣。"④

---

① 国语[M].上海师范大学古籍整理组,校点.上海:上海古籍出版社,1978:478.
② 国语[M].上海师范大学古籍整理组,校点.上海:上海古籍出版社,1978:479.
③ 董增龄.国语正义[M].成都:巴蜀书社,1985:981.
④ 刘师培.姒姓释[M]//汪宇.刘师培学术文化随笔.北京:中国青年出版社,1999:147.

顾颉刚也认为"姒"与"巳"读音保留古音,"以"和"己"丢掉了声母Z。《左传·襄公四年》记载:"秋,定姒薨。不殡于庙,无櫬,不虞。"而《公羊传·襄公四年》则记载:"秋七月戊子,夫人弋氏薨。葬陈成公。八月辛亥,葬我小君定弋。定弋者,襄公之母也。"可见,"姒"读音为"弋"。故而"姒"的读音与"巳"的读音一致,而不与"己"的读音同。也可知祝融为夏朝遗民之后。①

昆吾族群与夏族群同母系,均出自姒姓,但二者的父系是不同的。在经历了杂婚阶段后,出现了对偶婚,族群之间保持固定的婚姻关系,在对偶婚阶段,随母姓,故昆吾与夏同为姒姓,二者的父系不同。《史记·夏本纪》记载夏族群的多个分支,与昆吾族群并不紧密,也可反映随着时代发展,二者血缘关系越来越疏远。

一般认为,夏族群曾经活动在临汾盆地的塔儿山一带,在陶唐氏迁徙到此地后,陶唐氏联合有虞氏部落,最终打败了夏部落,此后建立了陶寺城址,最后出现了早期的中国。这一点将在后文中论及。

但陶唐氏和有虞氏部落没有掌握青铜技术。陶寺遗址出土青铜器不多。陶寺遗址都邑建筑中一片含砷的铜器片,推测可能是盆的口沿。但无法证明该产品出自何处。陶寺遗址晚期的一座小墓中,出土了一枚铜铃;该铜铃为98%的纯铜制成的,具有原始性。但该铜铃出土于下层人士的墓葬之中,该墓葬是仅能容身的小墓,墓主系年过半百的男子,铜铃入葬前应挂于死者腰部至下腹间。墓中除了这枚铜铃,别无长物。这枚铜铃可能是作为战利品而得来。在陶寺遗址晚期,在另外一座中小型墓中出土了一件铜齿轮形器,为砷铜制品。该铜器在墓中与一件玉瑗黏在一起,套在墓主的手臂上,推测应该是一件装饰品。该墓主相对富有,颈上戴着蚌片项链,胸部还放着一件玉器,但也并非社会上层。此外,在陶寺遗址晚期毁墓堆积层中,出土了一枚铜环,该铜环是陶寺遗址文化中期的产物。陶寺遗址这些铜器,制作比较复杂,比如铜铃就采用了复合范铸,铜齿轮形器可能采用了单面范铸技术,铜环也是采用范铸。铜容器残片也可能采取单面铸造方式。这些铜器,部分

---

① 顾颉刚.祝融族诸国的兴亡[M]//.顾颉刚.顾颉刚古史论文集:卷十:下.北京:中华书局,2011:861-863.

可能被用作礼器。① 陶寺遗址至今还没有发现熔炼铜的炉具、残渣等，以及铸造铜器的范；故而不能说明陶寺遗址有铸铜活动，也不能说明陶寺遗址之中出土的铜器产自本地，应该是贸易或者掠夺而来。②

  体现陶寺文化中晚期特征的周家庄遗址中，也没有发现冶金遗址痕迹。2004年，在运城周家庄遗址中出土黄铜片，为龙山文化时期，距今约4500年。黄铜片显然不是自然铜制作的，自然铜一般为红色，即为红铜。镍作为周家庄铜片的主要合金元素之一，虽然可能是在炼铜时无意引入的，但它将我国含镍铜器出现的年代前推到公元前2500至前2100年之间。周家庄铜片的发现增加了中原龙山文化时期铜器材质的多样性。周家庄铜片出土的地址距中条山铜矿比较近，但当地的铜以氧化矿和硫化矿常见，含镍的较少。周家庄铜片的矿料来源及其炼铜技术尚待对有关古矿冶遗址和铜器做更深入的研究才能解决。③

  总的来说，陶寺遗址或者说陶寺文化范围内，没有发现冶铜痕迹，但出现了技术很高的铜制品，这说明在陶寺文化周边地区存在一个掌握高超冶炼技术的族群。这个族群应该是昆吾族群。舜帝时期，就对昆吾族群进行了拉拢，《国语·郑语》记载，己姓昆吾中有被封在董地。这一支在舜帝时代被赐姓，为豢龙氏。《左传·昭公二十九年》记载："秋，龙见于绛郊。魏献子问于蔡墨曰：'吾闻之，虫莫知于龙，以其不生得也。谓之知，信乎？'对曰：'人实不知，非龙实知。古者畜龙，故国有豢龙氏，有御龙氏。'献子曰：'是二氏者，吾亦闻之，而不知其故。是何谓也？'对曰：'昔有飂叔安，有裔子曰董父，实甚好龙，能求其耆欲以饮食之，龙多归之。乃扰畜龙，以服事帝舜。帝赐之姓曰董，氏曰豢龙。

---

  ① 许宏.公元前2000年前后的中原社会 青铜催生"中国"？[J].大众考古，2015(11):38-45；高江涛，何努.陶寺遗址出土铜器初探[J].南方文物，2014(1):91-95.

  ② 苏荣誉.关于中原早期铜器生产的几个问题：从石峁发现谈起[J].中原文物，2019(1):26-31.

  ③ 王建平，王力之.山西周家庄遗址出土龙山时期铜片的初步研究[J].中国国家博物馆馆刊，2013(8):152-153.不过，通过分析中条山古铜矿的微量元素，周家庄出土的铜片来自中条山矿区的可能性比较大。中条山古铜矿之中，锌的含量比较高，银、砷、锑、铋、钴、镍的含量比较低。(详见魏国锋.古代青铜器矿料来源与产地研究的新进展[D].合肥：中国科学技术大学，2007:55-65.)其微量元素与周家庄元素含量比例比较一致。但魏国锋主要用的是运城垣曲胡家峪的古矿样品，可能由于矿区不一样，微量元素的含量也有所差异。

封诸鬷川,鬷夷氏其后也。故帝舜氏世有畜龙。"①这说明,昆吾族群在古董国的所在地。董国,一般认为在董泽附近。《读史方舆纪要》卷四十一记载"董泽":"县东北三十五里。《水经注》:'董水西经董泽陂南,陂东西七里,南北三里。'《春秋》文六年:'晋蒐于董。'又宣十二年:'厨武子曰:"董泽之蒲,可胜既乎?"'杜预曰:'河东闻喜东北有董泽陂。'陂中产杨柳,可以为箭也。一名董氏陂,又名豢龙池,即舜封董氏豢龙之所。其地出泉名董泉,民引以溉田,流入涑水。"②所谓豢龙,一般认为豢养的是鳄鱼。鳄鱼皮是制作鼓皮的主要原料,《吕氏春秋·仲夏纪·古乐》记载:"帝颛顼……乃令鱓先为乐倡,鱓乃偃寝,以其尾鼓其腹,其音英英。"③在晋南芮城清凉寺遗址中,一个中型墓葬中,除17组玉器以及石刀、石钺之外,还陪葬10片鳄鱼骨板。④在山东兖州王因墓葬中,也出土有扬子鳄遗骸,但主要是灰坑中发现的,有火烧的痕迹,是作物食物食用之后的残留品。⑤可见清凉寺附近存在捕获或者豢养扬子鳄的部落。此外,商代今山西乡宁存在一个捕获鳄鱼,且以鳄鱼为图腾的部落,即古鄂国。⑥故而董国应该在晋南一带。

昆吾族群与夏族群同为姒姓后裔,血缘比较近。舜帝拉拢昆吾族群最终失败,作为与陶唐氏和有虞氏争夺中失利一方的夏族群,在日后的发展中与昆吾族群结盟,利用武器技术上的优势,最终击败有虞氏部落,摧毁了陶寺城址,报了世仇。

昆吾族群对夏族群的影响是十分深远的。夏族群建立夏朝之后,在颜色上尚黑。《礼记·檀弓上》记载:"夏后氏尚黑,大事敛用昏,戎事乘骊,牲用玄。"⑦"昏""骊""玄"均为黑色之意。《礼记·王制》记载:

---

① 春秋左传集解[M].上海:上海人民出版社,1977:1575.
② 顾祖禹.读史方舆纪要[M].贺次君,施和金,点校.北京:中华书局,2005:1909.
③ 许维遹.吕氏春秋集释[M].北京:中华书局,2009:123-124.
④ 山西省考古研究所,运城市文物局,芮城县文物局.山西芮城清凉寺新石器时代墓地[J].文物,2006(3):6-7.
⑤ 周本雄.山东兖州王因新石器时代遗址中的扬子鳄遗骸[J].考古学报,1982(2):251-260.
⑥ 何光岳.扬子鳄的分布与鄂国的迁移[J].江汉考古,1986(3):24-30.
⑦ 礼记[M].陈澔,注.金晓东,校点.上海:上海古籍出版社,2016:62.

"有虞氏皇而祭,深衣而养老。夏后氏收而祭,燕衣而养老。"①

《韩非子·十过》记载:"舜禅天下而传之于禹,禹作为祭器,墨染其外,而朱画其内,缦帛为茵,蒋席颇缘,觞酌有采,而樽俎有饰。"②《尚书·禹贡》也记载:"东渐于海,西被于流沙,朔南暨,声教讫于四海。禹锡玄圭,告厥成功。"③此外,《纲鉴易知录·夏纪》记载:"德王,仍有虞以建寅之月为岁首。色尚黑,牲用玄,以黑为徽号。"④夏人尚黑的传统与在石峁的昆吾族群有关。陶寺遗址及其周边遗址用玉制度,并没有明显偏好的颜色。清凉寺遗址出土的玉石中,杂玉比较常见⑤。陶寺遗址中玉器颜色主要有白色、黄色、绿色、青白色、花色、糖色以及松枝沁等⑥。但在石峁遗址之中,出土的玉器以墨绿色居多⑦。叶舒宪先生指出,在石峁附近的新华遗址中出土的36件玉石中,深色(黑色和墨绿色)有18件,比例之高,可视为其尚黑的极好阐释⑧。叶舒宪先生以为,新华遗址为夏代,但未说明族群,以夏族群活动区域来看,新华遗址不应该是夏族群遗留的痕迹,而应该是与昆吾族群相关的遗迹。

五 昆吾族群在夏朝的发展

夏部落的重要活动区域在晋南,这里有丰富的盐业资源。长期以来,盐是财富的象征,铜是制作礼器的原料。尧都平阳,舜都蒲坂,禹都安邑,都是为了控制晋南的盐业资源以及附近的铜资源。作为最早掌

---

① 礼记[M].叶绍钧,选注.上海:商务印书馆,1930:27.
② 韩非子[M].高华平,王齐洲,张三夕,译注.北京:中华书局,2010:94.
③ 顾颉刚,刘起釪.尚书校释译论[M].北京:中华书局,2005:821.
④ 吴乘权,等.纲鉴易知录:第1册[M].施意周,点校.北京:中华书局,1960:26.
⑤ 马金花.山西芮城清凉寺墓地出土玉器浅说[J].文物世界,2009(3):3-7.
⑥ 何驽.华西系玉器背景下的陶寺文化玉石礼器研究[J].南方文物,2018(2):43.
⑦ 徐峰.石峁与陶寺考古发现的初步比较[J].文博,2014(1):21.另外,根据陕西省石峁文物收藏家戴应新的相关文章的图版来看,石峁遗址玉器中的墨玉很多。
⑧ 叶舒宪.夏商周与黑白赤的颜色礼俗:玉文化视角的新解说[J].百色学院学报,2017,30(1):8.

握冶金技术的部落,禹与启是不会让这些部落远离自己的统治中心的。

当时夏都的位置,最初在晋南安邑。《史记·夏本纪》记载:"禹于是遂即天子位。"①大禹即位的地方也就是阳城,有可能是现在河东安邑附近。"十年,帝禹东巡狩,至于会稽而崩。"②会稽应当在今河东地区,具体地址不可考。"东巡狩,至于会稽而崩"表明即使在帝禹晚年,其统治中心仍然在安邑,如果在河南洛阳一带,则会稽在其西,不能用"东巡狩"。大禹死后,"以天下授益。三年之丧毕,益让帝禹之子启,而辟居箕山之阳"③。启即位的地点,《今本竹书纪年》记载:"帝启。元年癸亥,帝即位于夏邑。大飨诸侯于钧台。诸侯从帝归于冀都。"④"钧台"一般认为在今河南新密新砦城址。邑,夏商时期指王城所在地,《白虎通·京师》记载:"夏曰夏邑,殷曰商邑,周曰京师。"⑤所以,此处的"夏邑"没有明指。启在钧台大会诸侯之后,"诸侯从帝归于冀都",冀都指大禹统治区域。《今本竹书纪年》记载:"帝禹夏后氏……元年壬子,帝即位,居冀。"⑥冀的核心地区在晋南。由此可知,启即位的地点在今晋南安邑附近。当然,启即位之时,并不是所有部落都臣服,启与有扈氏部落发生战争。益所在部落也非常强大,不排除启为了控制其他部落,此后将都城迁往新密等地。

昆吾族群的迁徙,与夏王都的迁徙有关。禹时期,为了避开舜的旧势力,一度将统治中心迁徙到雒邑,即今河南洛阳一带;此后又迁徙到阳翟,《汉书·地理志上》记载:"颍川郡……县二十:阳翟,夏禹国。"⑦启子太康时期,迁都斟寻,斟寻在今巩义市西南偃师附近。夏帝相统治时期,夏朝第五次迁都,迁至商丘;此后又迁徙到斟灌,《括地志》记载:

---

① 司马迁.史记:第1册[M].北京:中华书局,1959:82.
② 司马迁.史记:第1册[M].北京:中华书局,1959:83.
③ 司马迁.史记:第1册[M].北京:中华书局,1959:83.
④ 王国维.古本竹书纪年辑校·今本竹书纪年疏证[M].黄永年,校点.沈阳:辽宁教育出版社,1997:49.
⑤ 陈立.白虎通疏证[M].吴则虞,点校.北京:中华书局,1994:161.
⑥ 王国维.古本竹书纪年辑校·今本竹书纪年疏证[M].黄永年,校点.沈阳:辽宁教育出版社,1997:48.
⑦ 班固.汉书:第6册[M].北京:中华书局,1962:1560.

"斟灌故城在青州寿光县东五十四里。"① 夏帝相两次迁都,主要是当时帝位被后羿篡夺,史称"太康失国",夏帝后裔相为了避开后羿势力,到处逃亡。相的后裔少康,在各种势力的帮助下,恢复了统治,史称"少康中兴"。少康将统治中心迁徙到原,即今河南济源一带。夏帝杼统治时期,将统治中心迁徙到老丘,即今开封陈留一带。夏帝廑时期,将统治中心迁徙到西河,即今安阳一带。到了夏桀统治时期,又将统治中心迁回到斟寻。② 夏都迁徙,除了政治因素,还有经济因素。早期农业发展过程中,土地连续耕种后,需要通过休耕恢复地力,在此过程中,部落迁徙是很常见的。但夏朝迁都过程中,其主要活动区域基本上在豫北、豫东与豫西一带。

随着夏朝的迁徙,昆吾族群也在夏朝都城附近活动。《山海经·中山经》记载:"中次二经济山之首,曰煇诸之山,其上多桑,其兽多闾麋,其鸟多鹖……又西二百里,曰昆吾之山,其上多赤铜……曰蔓渠之山,其上多金、玉,其下多竹箭。伊水出焉,而东流注于洛……凡济山之首,自煇诸之山至于蔓渠之山,凡九山,一千六百七十里。其神皆人面而鸟身。祠用毛,用一吉玉,投而不糈。"③ 中次二经的范围,侯仁之认为在豫西伊水流域④。因此,昆吾之山是昆吾族群离开晋南之后在伊水流域的活动地点,此地在夏都斟寻周边地区。

昆吾族群也有生活在卫地的,《世本》记载:"昆吾者,卫是也。"⑤《左传·哀公十七年》:"卫侯梦于北宫,见人登昆吾之观,被发北面而噪曰:'登此昆吾之虚,绵绵生之瓜。余为浑良夫,叫天无辜。'"⑥ 可见,今濮阳附近,是昆吾族群生活的一个主要区域。《后汉书志·郡国志三》记载:"东郡……濮阳,古昆吾国,春秋时曰濮。"⑦《旧唐书·地理志一》记载:"濮州上,隋东平郡之鄄城县也。武德四年,置濮州,领鄄城、廪

---

① 李泰,等.括地志辑校[M].贺次君,辑校.北京:中华书局,1980:142.
② 李玉洁.夏人"十迁"及夏都老丘考释[J].中州学刊,2013(2):112-114.
③ 山海经译注[M].陈成,译注.上海:上海古籍出版社,2014:155-158.
④ 侯仁之.中国古代地理学简史[M].北京:科学出版社,1962:6-7.
⑤ 秦嘉谟,等.世本八种[M].宋衷,注.上海:商务印书馆,1957:14.
⑥ 春秋左传集解[M].上海:上海人民出版社,1977:1831.
⑦ 司马彪.后汉书志:第12册[M].刘昭,注补.北京:中华书局,1965:3450.

城、雷泽、临濮、昆吾、濮阳、永定、安丘、长城九县……濮阳,隋旧。武德四年,分置昆吾县。八年省,并入濮阳。范,汉县。武德二年,置范州,治昆吾城。五年,州废,县属济州。贞观八年,改属濮州。"①又《新唐书·奸臣传上·许敬宗传》记载:"帝东封泰山,以敬宗领使。次濮阳,帝问窦德玄:'此谓帝丘,何也?'德玄不对。敬宗傪曰:'臣能知之。昔帝颛顼始居此地,以王天下。其后夏后相因之,为寒浞所灭。后缗方振,逃出自窦,在此地也。后昆吾氏因之,而为夏伯。昆吾既衰,汤灭之。'"②可知夏帝相逃到濮阳,后来昆吾族群也到此地发展。

昆吾族群在许地也有活动。《今本竹书纪年》记载帝廑时期,"昆吾氏迁于许"③。《史记·楚世家》中楚灵王说过:"昔我皇祖伯父昆吾旧许是宅。"④也反映了昆吾族群在许昌附近活动的踪迹。许昌靠近开封一带,可以视作昆吾族群在豫东活动的一个区域。

昆吾族群在发展过程中逐渐壮大,《今本竹书纪年》记载:"帝仲康……六年,锡昆吾命作伯。"⑤昆吾族群成为夏王朝比较倚重的势力。昆吾族群在发展过程中也分裂出其他的分支。《国语·郑语》记载:"祝融亦能昭显天地之光明,以生柔嘉材者也,其后八姓,于周未有侯伯。佐制物于前代者,昆吾为夏伯矣,大彭、豕韦为商伯矣,当周未有。己姓昆吾、苏、顾、温、董,董姓鬷夷、豢龙,则夏灭之矣。彭姓彭祖、豕韦、诸稽,则商灭之矣。"韦昭注"昆吾为夏伯"时指出:"昆吾,祝融之孙,陆终第一子,名樊,为己姓,封于昆吾。昆吾,卫是也。其后夏衰,昆吾为夏伯,迁于旧许。"注"昆吾、苏、顾、温、董"时指出:"五国皆昆吾之后别封者。"顾,在今河南范县东南;温,在今河南温县西南;董,在今山西闻喜县东。⑥ 顾、温的分封,与夏王都的迁徙有关。昆吾氏后裔除了顾、温、

---

① 刘昫,等.旧唐书:第5册[M].北京:中华书局,1975:1441-1442.
② 欧阳修,宋祁.新唐书:第20册[M].北京:中华书局,1975:6337.
③ 王国维.古本竹书纪年辑校·今本竹书纪年疏证[M].黄永年,校点.沈阳:辽宁教育出版社,1997:56.
④ 司马迁.史记:第5册[M].北京:中华书局,1959:1705.
⑤ 王国维.古本竹书纪年辑校·今本竹书纪年疏证[M].黄永年,校点.沈阳:辽宁教育出版社,1997:51.
⑥ 徐元诰.国语集解[M].王树民,沈长云点校.北京:中华书局,2002:466-467.

董等封国,还有苏国。《今本竹书纪年》记载:"帝芬……三十三年,封昆吾氏子于有苏。"① 苏国,据《新唐书·宰相世系表四上》记载:"苏氏出自己姓。颛顼裔孙吴回为重黎,生陆终。生樊,封于昆吾。昆吾之子封于苏,其地邺西苏城是也。"② 此时的苏国,在今临漳县西③。夏朝末期,由于某种原因,对董姓鬷夷氏与豢龙进行了打击。《左传·昭公二十九年》记载:"有陶唐氏既衰,其后有刘累,学扰龙于豢龙氏,以事孔甲,能饮食之。夏后嘉之,赐氏曰御龙,以更豕韦之后。"④ 这表明,董姓豢龙氏为刘姓豢龙氏取代;董姓豢龙氏衰落,但其后裔依然活动在夏政权之中,帝桀所杀的关龙逢,即为董姓豢龙氏之后。夏朝对鬷夷氏的打击,由于史料缺乏,还有待进一步研究。

昆吾族群发展到夏朝后期,成为辅助夏朝的主要力量。《白虎通·号》记载:"五霸者,何谓也?昆吾氏、大彭氏、豕韦氏、齐桓公、晋文公也。昔三王之道衰,而五霸存其政,率诸侯朝天子,正天下之化,兴复中国,攘除夷狄,故谓之霸也。昔昆吾氏,霸于夏者也。大彭、豕韦,霸于殷者也。齐桓,晋文,霸于周者也。"⑤ 此处明确指出,昆吾部族群是辅佐夏朝重要的力量,在夏朝后期,随着商部落的崛起,昆吾主动向商朝发动进攻,以图挽救夏朝统治。《今本竹书纪年》记载,帝桀"二十六年,商灭温。二十八年,昆吾氏伐商"⑥。《史记·殷本纪》记载:"当是时,夏桀为虐政淫荒,而诸侯昆吾氏为乱。"⑦ "昆吾氏为乱",主要是指昆吾氏对商朝采取了军事行动。昆吾氏的活动并没有阻止商部落向夏朝的进攻。《诗经·商颂·长发》记载:"武王载旆,有虔秉钺,如火烈烈,则莫我敢曷。苞有三蘖,莫遂莫达。九有有截,韦顾既伐,昆吾夏桀。"⑧

---

① 王国维.古本竹书纪年辑校·今本竹书纪年疏证[M].黄永年,校点.沈阳:辽宁教育出版社,1997:54.
② 欧阳修,宋祁.新唐书:第10册[M].北京:中华书局,1975:3147.
③ 陈隆文.古苏国地望及其疆域问题[J].史学月刊,2002(9):18-24.
④ 春秋左传集解[M].上海:上海人民出版社,1977:1575.
⑤ 陈立.白虎通疏证[M].吴则虞,点校.北京:中华书局,1994:60-62.
⑥ 王国维.古本竹书纪年辑校·今本竹书纪年疏证[M].黄永年,校点.沈阳:辽宁教育出版社,1997:60.
⑦ 司马迁.史记:第1册[M].北京:中华书局,1959:95.
⑧ 诗经[M].王秀梅,译注.北京:中华书局,2015:823-824.

《史记·殷本纪》记载:"汤乃兴师率诸侯,伊尹从汤,汤自把钺以伐昆吾,遂伐桀。"①《今本竹书纪年》记载:"商会诸侯于景亳。遂征韦,商师取韦,遂征顾。二十九年,商师取顾。三十年……商师征昆吾……三十一年,商自陑征夏邑。克昆吾。大雷雨,战于鸣条。夏师败绩,桀出奔三朡,商师征三朡。战于郕。获桀于焦门。放之于南巢。"②而出土文献《容成氏》也记载:"泰如是状。汤闻之,于是乎慎戒登贤。德惠而不亢,祀三十尽。而能之。如是而不可,然后从而攻之,升自戎遂,入自北门,立于中□。桀乃逃之历山氏。汤又从而攻之,降自鸣条之遂,以伐高神之门。桀乃逃之南巢氏。汤又从而攻之。遂逃,去之苍梧之野。"③

以上记载表明,昆吾族群主动向商汤进攻,军事行动并没有成功。商汤大败昆吾族群和韦、顾部落之后,最后才向夏桀进攻。韦在今河南滑县,顾在今河南范县东南,二者均在豫北。商汤居住的地点,在今安阳附近。④ 商汤从亳邑向西征伐夏桀,亳邑在今安阳附近,夏桀居住在斟鄩,也即偃师附近。⑤ 考虑到韦、顾部落被击败后没有残兵败将逃往偃师附近与夏桀汇合,因此,昆吾族群所居住的地方距离亳地不远,距离偃师也比较近。有人认为新郑西北6千米左右的望京楼遗址是昆吾之居。⑥ 这种说法有一定道理。望京楼遗址可能是昆吾族群继许昌之后一个重要的据点,昆吾族群与商汤作战失败后,可以迅速逃往偃师附近与夏桀汇合。

---

① 司马迁.史记:第1册[M].北京:中华书局,1959:95.
② 王国维.古本竹书纪年辑校·今本竹书纪年疏证[M].黄永年,校点.沈阳:辽宁教育出版社,1997:60-61.
③ 马承源.上海博物馆藏战国楚竹书:二[M].上海:上海古籍出版社,2002:280-282.
④ 魏栋.论清华简"汤丘"及其与商汤伐葛前之亳的关系[J].中华文史论丛,2017(1):333-334;熊贤品.《清华简(伍)》"汤丘"即《系年》"康丘"说[M]//中国地理学会历史地理专业委员会,《历史地理》编辑委员会.历史地理:第34辑.上海:上海人民出版社,2017:49-58.
⑤ 郑杰祥.商汤伐桀路线新探[J].中原文物,2007(2):37-40;陈民镇.清华简伊尹诸篇与商汤居地及伐桀路线考[J].广西师范大学学报(哲学社会科学版),2018,54(2):1-11.
⑥ 张国硕.望京楼夏代城址与昆吾之居[J].苏州大学学报(哲学社会科学版),2012(1):184-190;张国硕.夏代晚期韦、顾、昆吾等方国地望研究[J].中国历史地理论丛,2015,30(2):83-89,147.

据《容成氏》等记载,夏桀失败后,同昆吾残兵一起逃往晋南。①《读史方舆纪要》卷四十一记载:"又昆吾亭,志云:在县西南一里。昆吾即助桀拒汤,汤先伐之者。"②民国《安邑县志·古迹记》记载:"昆吾亭……旧志不注明此亭所在地,但安邑里甲有昆吾前、昆吾后之名,则是相传已久。"③反映出昆吾族群对抗商汤失败后最后的归宿。昆吾族群与夏桀逃回晋南,与这一带有二者的遗民有关。

六 昆吾族群对晋南的控制

铜是制造礼器的重要原料,中国铜资源非常丰富,但分布地区并不均匀,铜矿主要分布在西北、西南和长江中下游以及中条山一带。夏朝长期定都中原一带,这里的铜资源比较缺乏;夏朝获得铜资源最有效的途径,就是获得来自晋南的铜。因此,夏朝不会放弃对晋南铜资源的控制。现有的文献以及相关考古材料表明,整个夏朝时期,对晋南资源的控制,主要是由昆吾族群来实现的。

夏王族在晋南的存在,主要以有冥氏为代表。夏王族的同姓诸侯有十二个,《史记·夏本纪》记载:"太史公曰:禹为姒姓,其后分封,用国为姓,故有夏后氏、有扈氏、有男氏、斟寻氏、彤城氏、褒氏、费氏、杞氏、缯氏、辛氏、冥氏、斟戈氏。"④

有扈氏活动的区域,一般认为在今河南新乡原阳一带。《水经注·河水》记载:"顺帝阳嘉中,又自汴口以东,缘河积石,为堰通渠。咸曰金堤。灵帝建宁中,又增修石门,以遏渠口。水盛则通注,津耗则辍流。河水又东北径卷之扈亭北,《春秋左传》曰:文公七年,晋赵盾与诸侯盟

---

① 郑杰祥.商汤伐桀路线新探[J].中原文物,2007(2):37-40;陈民镇.清华简伊尹诸篇与商汤居地及伐桀路线考[J].广西师范大学学报(哲学社会科学版),2018,54(2):1-11.
② 顾祖禹.读史方舆纪要[M].贺次君,施和金,点校.北京:中华书局,2005:1907.
③ 安邑县志[M].樊道白,张博文,畅筠,点校.太原:山西人民出版社,1991:208.
④ 司马迁.史记:第1册[M].北京:中华书局,1959:89.

于扈,《竹书纪年》晋出公十二年,河绝于扈,即于是也。"① 有扈氏被打败后,部分人北上,发展成为有易氏,有易氏部落与商部落一度产生纠纷。《今本竹书纪年》记载:"殷侯子亥宾于有易而淫焉,有易之君绵臣杀而放之。故殷上甲微假师于河伯以伐有易,灭之,遂杀其君绵臣。中叶衰而上甲微复兴,故商人报焉。"②《山海经·大荒东经》也有类似记载:"有困民国,勾姓而食。有人曰王亥,两手操鸟,方食其头。王亥托于有易、河伯仆牛。有易杀王亥,取仆牛。河念有易,有易潜出,为国于兽,方食之,名曰摇民。帝舜生戏,戏生摇民。"③

有男氏,又作有南氏。《世本》记载:"姒姓……有南……有男氏。"④《今本竹书纪年》记载:"帝乙……三年,王命南仲,西拒昆夷,城朔方。"⑤ 雷学淇以为:南仲,姒姓,周属国。又《诗经·小雅·出车》记载:"王命南仲,往城于方。出车彭彭,旂旐央央。天子命我,城彼朔方。赫赫南仲,狁于襄。"⑥ 此时周朝臣服于商,命令南仲的,只能是商朝。《逸周书·史记》记载:"昔有南氏有二臣贵宠,力钧势敌,竞进争权,下争朋党,君弗能禁,南氏以分。"⑦ 南仲地方,《水经注·江水》记载:"江水又东径江陵县故城南……秦昭襄王二十九年,使白起拔鄢郢,以汉南地而置南郡焉。《周书》曰:南,国名也。南氏有二臣,力钧势敌,竞进争权,君弗能制,南氏用分为二南国也。按韩婴《叙诗》云:其地在南郡、南阳之间。《吕氏春秋》所谓禹自涂山巡省南土者也。是郡取名焉。"⑧ 以夏人的活动区域来看,南仲在夏商时期不会在南郡一带活动,按照《吕氏春秋》的记载,有男氏活动区域在涂山之南,今三门峡以南的区域,也应该在豫西一带。

---

① 郦道元,原注.水经注[M].陈桥驿,注释.杭州:浙江古籍出版社,2001:72-73.
② 王国维.古本竹书纪年辑校·今本竹书纪年疏证[M].黄永年,校点.沈阳:辽宁教育出版社,1997:55.
③ 山海经译注[M].陈成,译注.上海:上海古籍出版社,2014:329.
④ 秦嘉谟,等.世本八种[M].宋衷,注.上海:商务印书馆,1957:260-261.
⑤ 王国维.古本竹书纪年辑校·今本竹书纪年疏证[M].黄永年,校点.沈阳:辽宁教育出版社,1997:73.
⑥ 诗经[M].王秀梅,译注.北京:中华书局,2015:349.
⑦ 朱右曾.逸周书集训校释[M].上海:商务印书馆,1940:130-131.
⑧ 郦道元,原注.水经注[M].陈桥驿,注释.杭州:浙江古籍出版社,2001:536.

斟寻氏与斟戈氏，主要在今山东一带活动。斟戈氏，《世本》作斟灌氏。《帝王世纪》记载："自太康已来，夏政凌迟，为羿所逼，乃徙商丘，依同姓诸侯斟灌、斟寻氏。"①斟戈氏在夏商时期一直活动在山东及其周边地区。②

杞氏，王献唐先生研究，夏朝时期分封在今山东一带。

缯氏，又作"鄫氏"。《世本》记载："夏少康封其少子曲烈于鄫，襄六年，莒灭之。鄫太子巫仕鲁，去邑为曾氏。"③《世本》混淆"鄫"与"曾"，以至于后人的研究出现矛盾之处。一般认为，少康时期鄫氏的始地封在今河南方城一带。《左传·哀公四年》记载："夏，楚人既克夷虎，乃谋北方。左司马眅、申公寿馀、叶公诸梁致蔡于负函，致方城之外于缯关。"④在方城发掘的八里桥遗址，其典型器物与二里头文化三期相似⑤。八里桥遗址器物年代在商朝初年，但其遗址的起始时间应该在夏朝时期，与缯氏有关。一般认为，夏朝时期的姒姓缯氏起初在方城，到了春秋后迁徙到山东兰陵一带。⑥《史记·货殖列传》记载："颍川、南阳，夏人之居也。夏人政尚忠朴，犹有先王之遗风。颍川敦愿。秦末世，迁不轨之民于南阳。南阳西通武关、郧关，东南受汉、江、淮。宛亦一都会也。俗杂好事，业多贾。其任侠，交通颍川，故至今谓之'夏人'。"⑦类似记载也存在于《汉书·地理志下》之中。称南阳为夏人，可能与曾分封于方城有关。甲骨文中也出现曾国，应该是商灭夏之后继封，稳定商朝在江淮的统治。⑧

---

① 徐宗元.帝王世纪辑存[M].北京:中华书局,1964:55.
② 王长丰.殷周金文族徽整理与研究[D].郑州:郑州大学,2006:132-139.
③ 秦嘉谟,等.世本八种[M].宋衷,注.上海:商务印书馆,1957:263.
④ 春秋左传集解[M].上海:上海人民出版社,1977:1731.
⑤ 北京大学考古学系,南阳市文物研究所,方城县博物馆.河南方城县八里桥遗址1994年春发掘简报[J].考古,1999(12):16-27.
⑥ 周书灿.夏商周缯地曾国探论[J].中原文物,2015(5):18-24;陈隆文.曾谜解[J].安徽史学,2018(5):5-10.
⑦ 司马迁.史记:第10册[M].北京:中华书局,1959:3269.
⑧ 杨升南.商代甲骨文所见夏代诸侯[J].四川文物,2014(3):35-38.

辛氏,《世本》作"莘姓"①,并以为"姒姓,夏禹之后"②。也就是"有莘氏",其活动区域在今陕西合阳一带,夏朝末年,不满夏桀统治,成为商汤联合的对象。有莘氏存在时间很长,直到商朝末年还和周人联姻。《水经注·河水》记有:"河水又径郃阳城东,周威烈王之十七年,魏文侯伐秦至郑,还筑汾阴郃阳,即此城也。故有莘邑矣,为太姒之国。《诗》云:在郃之阳,在渭之涘。又曰:缵女维莘,长子维行。谓此也。"③1974年,在陕西渭南阳郭南堡村出土一批铜器,被鉴定为晚商时期的器物,其中一件矛上有铭文"辛邑"④,表明附近当有与有莘氏相关的城址。

彤城氏,《世本》记载:"彤,姒姓之国。"⑤《史记·夏本纪》"索隐"以为:"周有彤伯,盖彤城氏之后。"⑥《史记·魏世家》记载:"(惠王)二十一年,与秦会彤。"⑦《史记·六国年表》记载:"商君反,死彤地。"⑧而《史记·商君列传》则记载:"商君既复入秦,走商邑,与其徒属发邑兵北出击郑。秦发兵攻商君,杀之于郑黾池。"⑨黾池在今河南三门峡附近。《读史方舆纪要·陕西三》"华州"下记载:"武城……彤城,在州西南。周彤伯国,战国时秦、魏遇于彤。《史记》'商君反,死彤地',即此。"⑩则彤城氏活动区域在今陕西华县一带。

褒氏,《国语·郑语》记载:"夏之衰也,褒人之神化为二龙,以同于王庭,而言曰:'余,褒之二君也。'"⑪《史记·周本纪》记载:"三年,幽王嬖爱褒姒。"⑫相应的"索隐"记载:"褒,国名,夏同姓,姓姒氏。"⑬"正义"

---

① 秦嘉谟,等.世本八种[M].宋衷,注.上海:商务印书馆,1957:263.
② 秦嘉谟,等.世本八种[M].宋衷,注.上海:商务印书馆,1957:260.
③ 郦道元,原注.水经注[M].陈桥驿,注释.杭州:浙江古籍出版社,2001:53.
④ 宋新潮.试论陕西出土的商代铜器[J].文博,1989(3):31.
⑤ 秦嘉谟,等.世本八种[M].宋衷,注.上海:商务印书馆,1957:261.
⑥ 司马迁.史记:第1册[M].北京:中华书局,1959:89.
⑦ 司马迁.史记:第6册[M].北京:中华书局,1959:1845.
⑧ 司马迁.史记:第2册[M].北京:中华书局,1959:726.
⑨ 司马迁.史记:第7册[M].北京:中华书局,1959:2237.
⑩ 顾祖禹.读史方舆纪要[M].贺次君,施和金,点校.北京:中华书局,2005:2583.
⑪ 国语[M].上海师范大学古籍整理组,校点.上海:上海古籍出版社,1978:519.
⑫ 司马迁.史记:第1册[M].北京:中华书局,1959:147.
⑬ 司马迁.史记:第1册[M].北京:中华书局,1959:147.

引《括地志》记载:"褒国故城在梁州褒城县东二百步,古褒国也。"①即今陕西勉县东南。《路史》以为在今河南息县褒姓集一带。也可能是后世陕西迁徙至河南。

费氏,《世本》作"弗氏"②。《路史·国名纪·夏后氏后》记载:"弗……费也……今河南缑氏,滑都也,与鲁费异。"③《路史》以为在今河南偃师缑氏镇一带;但也暗示在山东也有一个费氏后裔存在。小邾国弗敏父鼎铭文有"弗敏父作孟妣 □媵鼎其眉 寿万年永宝用"④之记载。这表明在山东有一个妣姓的费国。但在山东还存在姬姓费国和嬴姓费国。鲁费即姬姓费国。⑤ 山东的妣姓费国可能是由河南迁徙过去的。

有冥氏,《世本》记载:"冥氏,分封用国为氏。"⑥秦嘉谟以为:"《路史·后纪》十四注引《春秋公子谱》鄍出妣氏,则冥即鄍也。"⑦《史记·楚世家》记载:"王出宝弓,碆新缴,涉鼋塞。"⑧"集解"引徐广"鼋"或作"冥"⑨。《左传·僖公二年》记载:"晋荀息请以屈产之乘,与垂棘之璧,假道于虞以伐虢……乃使荀息假道于虞,曰:'冀为不道,入自颠軨,伐鄍三门。冀之既病,则亦唯君故。今虢为不道,保于逆旅,以侵敝邑之南鄙。敢请假道以请罪于虢。'虞公许之,且请先伐虢。宫之奇谏,不听,遂起师。夏,晋里克、荀息帅师会虞师伐虢,灭下阳。"⑩这表明,鄍在今晋南一带。《括地志》记载:"故鄍城在陕州河北县东十里,虞邑也。杜预云河东大阳有鄍城是也。"⑪鄍城具体位置当在今山西平陆一带。

以夏王族分布情况来看,主要在今陕西、山东以及河南一带,在晋

---

① 司马迁.史记:第1册[M].北京:中华书局,1959:147.
② 秦嘉谟,等.世本八种[M].宋衷,注.上海:商务印书馆,1957:262.
③ 罗泌.路史[M].清文渊阁四库全书本.
④ 王言京.山东邹县春秋邾国故城附近发现一件铜鼎[J].文物,1974(1):76.
⑤ 燕生东.考古所见"费"国及曾子里籍问题[J].东方考古,2014(11):151-166.
⑥ 秦嘉谟,等.世本八种[M].宋衷,注.上海:商务印书馆,1957:264.
⑦ 秦嘉谟,等.世本八种[M].宋衷,注.上海:商务印书馆,1957:264.
⑧ 司马迁.史记:第5册[M].北京:中华书局,1959:1730-1731.
⑨ 司马迁.史记:第5册[M].北京:中华书局,1959:1733.
⑩ 春秋左传集解[M].上海:上海人民出版社,1977:238.
⑪ 李泰,等.括地志辑校[M].贺次君,辑校.北京:中华书局,1980:115.

南的仅有"有冥氏",对于此重点区域的控制,主要是昆吾氏族群。

早在舜统治时期,昆吾族群中有分封到董地,建立了董国,董国存在时间比较长,延续到夏朝末年。根据《国语·郑语》记载:"己姓昆吾、苏、顾、温、董,董姓鬷夷、豢龙,则夏灭之矣。"① 董国的存在,则值得考虑,因为夏王都离开安邑之后,基本上都在河南西部、北部、东部一带移动。分封董,最大的因素是遗留在晋南的昆吾族群逐渐强大,而且有可能控制晋南地区铜矿的开采与运输。前面我们提到,董国在董泽附近,即闻喜一带。而今闻喜县附近,存在诸多夏朝开采铜矿的遗存。2011年在闻喜县石门乡玉坡村西南发现一座采矿炼铜遗址,"现存遗迹有露采坑、矿井、巷道、烧制木炭的窑穴等 20 余处,采矿用的大小石锤、生活用的陶质器皿(残片)100 余件,从现场采集的标本推断其采冶时代为夏代延至战国早期"②。山西绛县西吴壁遗址,发现了夏代冶铜遗址的痕迹,发现有铜炼渣、石范等铜遗存。西吴壁遗址是目前中原地区发现的时代最早、规模较大的冶铜遗址。该遗址专业化程度较高,夏代先民将周边地区的铜矿开采运输到此地冶炼成铜块,然后再运到都城加工。③

《山海经·海内经》载:"有九丘,以水络之:名曰陶唐之丘、有叔得之丘、孟盈之丘、昆吾之丘、黑白之丘、赤望之丘、参卫之丘、武夫之丘、神民之丘。"④ 九丘中有所谓的陶唐之丘,其地名的由来与陶唐氏有关。陶唐氏的活动区域,有河北说、山东说、豫北说和晋南说等几种说法。但一般认为陶唐氏由豫北至晋南。另外,关于武夫之丘,《山海经·南山经》记载"又东五百里,曰会稽之山,四方,其上多金玉,其下多砆石",郭璞注"砆,武夫石,似玉"。⑤ 可见武夫之丘是产类似玉石石料的地

---

① 国语[M].上海师范大学古籍整理组,校点.上海:上海古籍出版社,1978:511.
② 孟苗.闻喜惊现夏代采矿炼铜遗存:考古发现露采坑矿井巷道等遗迹 20 余处[N].山西日报,2011-12-07(A2).
③ 戴向明,田伟,崔春鹏.山西绛县西吴壁遗址发现大量夏商时期冶铜遗存[EB/OL].(2018-12-14)[2021-11-09].http://ex.cssn.cn/kgx/kgdt/201812/t20181214_4793677.shtml.
④ 山海经译注[M].陈成,译注.上海:上海古籍出版社,2014:370.
⑤ 山海经译注[M].陈成,译注.上海:上海古籍出版社,2014:14.

方,会稽山产这种石头。故武夫之丘应该在会稽山附近,当时会稽山在晋南,故武夫之丘也在晋南某地。

《山海经·中山经》记载:"又西三百里,曰阳山,多石,无草木。阳水出焉,而北流注于伊水。其中多化蛇,其状如人面而豺身,鸟翼而蛇行,其音如叱呼,见则其邑大水……又西二百里,曰昆吾之山,其上多赤铜。"①阳山,据《隋书·地理志中》记载:"陆浑,东魏置伊川郡,领南陆浑县。开皇初废郡,改县曰伏流。大业初改曰陆浑。又有东魏北荆州,后周改曰和州。开皇初又改曰伊州。大业初州废。又有东魏东亭县,寻废。有方山、三涂山、孤山、阳山、王母涧。"②陆浑在今河南洛阳嵩县一带,嵩县西二百余里在今三门峡一带;考虑到中国铜资源的分布情况,"昆吾之山"当属中条山脉。这反映了夏朝时期昆吾族群在晋南中条山开采铜矿的情况。

《国语·郑语》记载:"己姓昆吾、苏、顾、温、董,董姓鬷夷、豢龙,则夏灭之矣。"③可知董至少分出来鬷夷、豢龙两个部落。韦昭以为"(董父)以扰龙服事帝舜,赐姓曰董,氏曰豢龙,封之鬷川,当夏之兴,别封鬷夷,于孔甲前而灭矣。传曰:'孔甲不能食龙而未获豢龙氏,刘累学扰龙于豢龙氏以事孔甲。'"④。"鬷夷",杜预以为"鬷,水上夷,皆董姓"⑤。此外,《潜夫论·志氏姓》也记载:"己姓之嗣飂叔安,其裔子曰董父,实甚好龙,能求其嗜欲以饮食之,龙多归焉。乃学扰龙以事帝舜。赐姓曰董氏,曰豢龙,封诸鬷川。"⑥由此可知"鬷川"应该在董地附近;此外,"鬷川"之"鬷"或许与河流有关。《史记·殷本纪》记载:"夏师败绩。汤遂伐三㚇,俘厥宝玉。"⑦《尚书·典宝》记载:"夏师败绩,汤遂从之,遂伐三鬷,俘厥宝玉,谊伯、仲伯作《典宝》。"⑧据《今本竹书纪年》记载,商

---

① 山海经译注[M].陈成,译注.上海:上海古籍出版社,2014:156-157.
② 魏徵,等[M].隋书:第3册[M].北京:中华书局,1973:835.
③ 国语[M].上海师范大学古籍整理组,校点.上海:上海古籍出版社,1978:511.
④ 国语[M].上海师范大学古籍整理组,校点.上海:上海古籍出版社,1978:513.
⑤ 春秋左传集解[M].上海:上海人民出版社,1977:1577.
⑥ 王符.潜夫论[M].汪继培,笺.上海:上海古籍出版社,1978:486.
⑦ 司马迁.史记:第1册[M].北京:中华书局,1959:96.
⑧ 尚书[M].曾运乾,注.黄曙辉,校点.上海:上海古籍出版社,2015:80.

汤灭夏的进军路线是:"三十一年,商自陑征夏邑。克昆吾。大雷雨,战于鸣条。夏师败绩,桀出奔三朡,商师征三朡。战于郕。获桀于焦门。放之于南巢。"①而《史记·殷本纪》"集解"中孔安国以为:"三㚇,国名,桀走保之,今定陶也。"②《括地志》也记载:"曹州济阴县即古定陶也,东有三䱾亭。"③由此可见,"㚇""朡""䱾"互通。"三䱾"被认为是在定陶,根据清华简伊尹诸篇以及上博简《容成氏》等记载,并结合传统文献,可以发现商汤灭夏时,居住在安阳殷墟附近,向东先后灭掉了夏的结盟势力韦、顾、昆吾等;在居住今陕西合阳一带的有莘氏的帮助下,从今风陵渡一带渡过黄河,在晋南一带消灭了夏的有效抵抗。④ 因此"三䱾"不可能在定陶,只可能在晋南。

己姓"䱾夷"被灭掉以后,一部分成为商朝的奴隶,《诗经·商颂·烈祖》有:"嗟嗟烈祖,有秩斯祜。申锡无疆,及尔斯所。既载清酤,赉我思成。亦有和羹,既戒既平。䱾假无言,时靡有争。"⑤《中庸》记载为:"《诗》曰:'奏假无言,时靡有争。'是故君子不赏而民劝,不怒而民威于铁钺。"⑥"䱾"与"奏"都代表"民"。三"㚇"变为三"䱾",其实表明这部分人做了战俘与奴隶,据大盂鼎铭文中记载,"四白(伯)人鬲自驭至于庶人六百又五十又九夫……王臣十又三白(伯),人鬲千又五十夫","人鬲",一般认为是战俘与奴隶。⑦ 称呼俘虏为"人鬲",或许与他们吃饭用鬲有关。⑧ 商人称拥护夏朝的"㚇"人部落为"䱾",其实代表这部分人成了商朝的奴隶。"三䱾"由晋南到定陶,或许与族群的迁徙有关。先秦时期,晋南诸多地名与山东地名重合,应是族群迁徙的结果。⑨

---

① 王国维.古本竹书纪年辑校·今本竹书纪年疏证[M].黄永年,校点.沈阳:辽宁教育出版社,1997:60-61.
② 司马迁.史记:第1册[M].北京:中华书局,1959:96.
③ 李泰,等.括地志辑校[M].贺次君,辑校.北京:中华书局,1980:163.
④ 陈民镇.清华简伊尹诸篇与商汤居地及伐桀路线考[J].广西师范大学学报(哲学社会科学版),2018,54(2):1-11.
⑤ 诗经[M].王秀梅,译注.北京:中华书局,2015:814-815.
⑥ 论语·大学·中庸[M].陈晓芬,徐儒宗,译注.北京:中华书局,2011:358.
⑦ 杨宽.古史新探[M].上海:上海人民出版社,2016:104-112.
⑧ 艾芜.艾芜全集:第14卷[M].成都:四川文艺出版社,2014:452-453.
⑨ 赵庆淼.商周时期的族群迁徙与地名变迁[D].天津:南开大学,2016.

在夏朝时期,晋南还有己姓蓼部族存在。《水经注·河水》记载:"又东过河北县南,县与湖县分河。蓼水出襄山蓼谷,西南注于河。"① 《太平寰宇记·河东道·蒲州·永乐》记载:"渠猪水,一名蓼水,今名百丈涧,源出县北中条山。《山海经》'渠猪之水南流注于河'是也。"② 己姓蓼部族起初应活动在永乐(今芮城一带)。

---

① 郦道元,原注.水经注[M].陈桥驿,注释.杭州:浙江古籍出版社,2001:57.
② 乐史.太平寰宇记[M].王文楚,等点校.北京:中华书局,2007:960.

第二章 大夏迁徙诸问题

昆吾族群牢牢控制了晋南地区,夏朝末年又是抵抗商汤的主要力量。夏朝灭亡后,夏朝遗民有迁徙到其他地方,这部分人群中,大部分是昆吾族群之人。因此,要探讨昆吾族群的迁徙,需要弄清夏朝遗民迁徙的问题。夏朝遗民迁徙的过程中,留下了诸多以"大夏"为名的地名。徐中舒先生指出:"太"即"大",乃该族后来迁徙新地人口众多,势力强大之时的称号。如小月氏、大月氏,少梁、大梁,小夏、大夏的情况都是属于这类的名称。① 目前对"大夏"地名范围的讨论,还存在模糊之处。因此,探讨"大夏"范围,对弄清昆吾族群的迁徙很有必要。

一 东西大夏问题

"大夏"一词,在先秦文献中多有记载,其主要分布在我国西部或者北部。到西汉张骞出使西域时,记载在葱岭以西,存在一个大夏。《史记·大宛列传》记载:"大夏在大宛西南二千余里妫水南。其俗土著,有城屋,与大宛同俗。无大长,往往城邑置小长。其兵弱,畏战。善贾市。及大月氏西徙,攻败之,皆臣畜大夏。大夏民多,可百余万。其都曰蓝

---

① 徐中舒.先秦史论稿[M].成都:巴蜀书社,1992:34.

市城,有市贩贾诸物。其东南有身毒国。"①

这两个东西大夏,是否来源于同一族群,史学界莫衷一是。

王国维以为睹货逻源自大夏,大夏为东方古国,在流沙之内,昆仑之东。在公元前150年左右迁徙到葱岭。②

黄文弼认为,大夏在今河州、凉州一带;大夏即吐火罗,为羌族。在汉初月氏西迁前,大夏开始迁徙,经柴达木盆地,到敦煌之西,沿南山山脉,到达葱岭,然后南下。③

韩亦琦以为,大夏在成汤时居住在中国北方的西部;周初,在敦煌一带;春秋,在西方流沙之东沿;战国时期,在流沙之内、昆仑之东二千五百里。战国时期,统治中亚的波斯帝国瓦解,对巴克特里亚的控制力削弱,巴克特里亚出现分裂状况。与此同时,在中国北部,匈奴的崛起并向西发展,导致月氏离开原来的居住地敦煌一带,迁徙今伊犁河一带。汉武帝时期,由于惧怕月氏与西汉联合,匈奴要求乌孙击走月氏,月氏乃西迁至妫水流域。在月氏移动的过程中,大夏也向西移动,最后到达妫水南。大夏移动出发点在于阗国尼壤城东四百里的睹货逻故国,时间大致在公元前150年。④

王守春认为:"大夏从其原来居住的宁夏平原或河套与阴山地区向西北,经腾格里沙漠或毛乌素沙漠和居延泽地区向新疆迁徙,很可能迁徙到准噶尔盆地,以及很可能在这里居住了一段时间,然后经由伊犁河谷地或阿拉山口,迁移到中亚地区。"⑤

杨共乐以为葱岭以西的大夏是葱岭以东的大夏迁徙过去的,二者属于同一民族。斯特拉波《地理学》记载:从希腊人那里夺取了巴克特里亚的阿希或阿色尼、吐火罗和塞伽罗克,都是著名的游牧部落。他们来自遥远的锡尔河彼岸,与塞种及索格底亚那毗邻的地区,这里曾被塞

---

① 司马迁.史记:第10册[M].北京:中华书局,1959:3164.
② 谢维扬,庄辉明,黄爱梅.王国维全集:第8卷[M].杭州:浙江教育出版社,2010:397-399.
③ 黄烈.黄文弼历史考古论集[M].北京:文物出版社,1989:76-84.
④ 韩亦琦.中国典籍中大夏族与大夏族之西迁[J].南京大学学报(哲学·人文·社会科学),1987(1):67.
⑤ 王守春.大夏原居地及其西迁[J].西域研究,1999(4):18.

种所占据。而吐火罗即大夏的异译,阿色尼即大月氏。其原因是特罗古斯记载阿色尼占领了索格底亚那。这与张骞提供的"大月氏居妫水北"这一信息完全一致。以后它又成了大夏的王族,这也和张骞的记载吻合。所以,从斯特拉波这段话中我们能够清楚地了解到,大夏人不是当地的土著,他们来自锡尔河地区。他们往南迁徙的时间或者与大月氏同步,或者稍前于大月氏。到张骞来到中亚时,大夏在妫水南,大月氏在妫水北。① 但这只能说明有一支族群从锡尔河地区迁徙到巴克特里亚,这个族群是否是先秦史书中记载的大夏,还值得考证。

余太山认为张骞所提及的大夏是来自伊犁河与楚河流域的吐火罗人,而这部分人又来自河西乃至河套平原地区。而河西与河套的吐火罗人又来自晋南,为陶唐氏,以尧帝为宗主部落联合体的后裔。②

以上研究之中,存在可进一步探讨的地方。首先是回避河西地区大夏县与大禹的关系。根据《水经注·河水》记载:"洮水右合二水,左会大夏川水。水出西山,二源合舍而乱流,径金纽城南。《十三州志》曰:大夏县西有故金纽城,去县四十里,本都尉治。又东北径大夏县故城南。《地理志》,王莽之顺夏。"③我们可知在河西存在一个大夏县。但这个大夏县及其附近有大量大禹的传说,"《晋书地道记》曰:县有禹庙,禹所出也"④。"洮水又东径临洮县故城北。禹治洪水,西至洮水之上,见长人,受'黑玉书'于斯水上。"⑤大夏县有大禹传说,应该是与夏族迁徙有关。⑥ 如果大夏县与大禹存在关系,则大夏附近存在夏朝遗民,这部分人来到此地后,将祖先记忆带到此处,如果是这样,此处大夏应该与夏后氏后裔有关。以前研究对齐桓公西征中的"流沙""大夏""西虞"等地名考证不足,将流沙定位在居延海一带,大夏等也定位于此附近。实际上,如果真西征到如此远的地方去,其目的何在?其后勤如

---

① 杨共乐.东西大夏同族承继考[J].北京师范大学学报(社会科学版),2006(4):144.
② 余太山.古族新考[M].北京:商务印书馆,2012:59-93.
③ 郦道元,原注.水经注[M].陈桥驿,注释.杭州:浙江古籍出版社,2001:27.
④ 郦道元,原注.水经注[M].陈桥驿,注释.杭州:浙江古籍出版社,2001:27.
⑤ 郦道元,原注.水经注[M].陈桥驿,注释.杭州:浙江古籍出版社,2001:26.
⑥ 张锟.大夏与夏遗民的迁徙[J].历史教学,2016(10):33-36,42.

何保证?① 所以,要探讨大夏问题,需将张骞出使西域前的文献中各种"大夏"的方位弄清楚。

研究者又以《汉书·西域传上》记载中的西域人形象来说明大夏种族问题:"自宛以西至安息国,虽颇异言,然大同,自相晓知也。其人皆深目,多须髯。善贾市,争分铢。贵女子;女子所言,丈夫乃决正。其地无丝漆,不知铸铁器。及汉使亡卒降,教铸作它兵器。得汉黄白金,辄以为器,不用为币。"②"其人皆深目,多须髯"的记载在多种文献中存在。《史记·高祖本纪》记载:"高祖为人,隆准而龙颜,美须髯,左股有七十二黑子。"③用现在的话来说,刘邦鼻子高,胡须多。《文选·班叔皮王命论》:"盖在高祖,其兴也有五:一曰帝尧之苗裔,二曰体貌多奇异,三曰神武有征应,四曰宽明而仁恕,五曰知人善任使。"④刘邦的鼻子高、胡须多被认为是他能成为皇帝的象征之一,但这种情况可能是虚构的,或许是刘邦当皇帝合理性的一种解释。实际上很多出身卑微的人当皇帝后,都说自己的相貌和历史上某个贤能之人比较像,为自己当皇帝的合法性提供借口。⑤

即使刘邦鼻子高,胡须多,也不代表刘邦与西方"大夏"有关联。北方很多汉人具有鼻子高、胡须多的特征。《晋书·石季龙上》记载:"太子詹事孙珍问侍中崔约曰:'吾患目疾,何方疗之?'约素狎珍,戏之曰:'溺中则愈。'珍曰:'目何可溺?'约曰:'卿目腕腕,正耐溺中。'珍恨之,以白宣。宣诸子中最胡状,目深,闻之大怒,诛约父子。"⑥可见当时人认为胡人的特征之一是眼睛比较深凹。

直到唐朝,北方很多汉人还存在鼻子高、胡须多的特征。刘邦的世系,按照《史记·高祖本纪》"集解"记载:"高祖,刘累之后,别食邑于范,士会之裔,留秦不反,更为刘氏。刘氏随魏徙大梁,后居丰,今言'姓刘

---

① 周书灿.有关齐桓公西征的几个地理问题[J].烟台师范学院学报(哲学社会科学版),2003,20(2):35-38,47.
② 班固.汉书:第12册[M].北京:中华书局,1962:3896.
③ 司马迁.史记:第2册[M].北京:中华书局,1959:342.
④ 萧统.文选[M].李善,注.上海:上海古籍出版社,1986:2266-2267.
⑤ 胡鸿.十六国的华夏化:"史相"与"史实"之间[J].中国史研究,2015(1):135-162.
⑥ 房玄龄,等.晋书:第9册[M].北京:中华书局,1974:2776.

氏'者是。"①属于陶唐氏尧帝之后,一般认为陶寺城址中中晚期是尧都,而陶寺文化中期、晚期和偏晚期,外来人口的比例为50%、75%和76.9%;而且这些外来人口多是一群善于养羊的人,这些人的原籍应该来自西北方向或者西北地区。②尧帝部落之中出现西北方向人的因素,也是很正常的。分子人类学的研究表明,父系遗传Y染色体中,N型起源于中国,但整个北亚诸多民族中都有分布,在乌拉尔民族中占多数,在芬兰、爱沙尼亚中占据多数地位,这部分欧洲人的祖先应该是从中国出去的。中国人主要类型是O型。R型大部分分布在欧洲,但由于与O型同源,因此白种人可能起源于亚洲。③因此鼻高多须不能成为判断种族的标准。

二 《逸周书》中记载的大夏

《逸周书·王会》记载,在商朝时期,伊尹和商汤商议各地向中央进贡的物品:"汤问伊尹曰:'诸侯来献,或无马牛之所生,而献远方之物,事实相反,不利。今吾欲因其地势所有,献之必易得而不贵,其为四方献令。'伊尹受命,于是为四方令曰:'臣请正东,符娄、仇州、伊虑、沤深、九夷、十蛮、越沤,剪发文身,请令以鱼皮之鞞,鰔鰂之酱,鲛瞂利剑为献……正北,空同、大夏、莎车、姑他、旦略、豹胡、代翟、匈奴、楼烦、月氏、纖犁、其龙、东胡,请令以橐驼、白玉、野马、騊駼、駃騠、良弓为献。'"④

《逸周书·王会》中也记载了西周要求各地向中央进贡物品,其中要求:"北方台正东:高夷嗛羊,嗛羊者羊而四角。独鹿邛邛,邛邛善走

---

① 司马迁.史记:第2册[M].北京:中华书局,1959:341.
② 赵春燕,何驽.陶寺遗址中晚期出土部分人类牙釉质的锶同位素比值分析[J].第四纪研究,2014,34(1):66-72.
③ 李辉.追踪曹操的基因[M]//韩昇,李辉.我们是谁.上海:复旦大学出版社,2011:36-39.
④ 朱右曾.逸周书集训校释[M].上海:商务印书馆,1940:122-124.

者也。孤竹距虚。不令支玄獏。不屠何青熊。东胡黄罴。山戎戎菽。其西般吾白虎黑文。屠州黑豹。禺氏騊駼。大夏兹白牛,兹白牛,野兽也,牛形而象齿。犬戎文马,文马赤鬣缟身,目若黄金,名吉黄之乘。数楚每牛,每牛者牛之小者也。匈奴狡犬,狡犬者巨身四足果。皆北向。"①

  实际上,商周的势力范围远没有达到如此边远的地区,而且其中一些动物都是夸大性描写。因此,有学者认为《逸周书·王会》等三篇是战国时期带有小说性质的作品。② 虽然《逸周书·王会》中的诸多地名、族名乃至动物存在一定的虚构成分,但还是有一定依据的,毕竟先秦中原地区与周边地区的物质文化交流的复杂性,远远超过了我们的想象。

  按照《逸周书·王会》的记载,商朝正北的族群有空同、大夏等。空同,与崆峒山有关,可见当地族群在今甘肃平凉一带;莎车,在今新疆;楼烦与匈奴,在今晋北;东胡,在楼烦之东。可以大致判断,此处的大夏在今西北一带。

  《逸周书·王会》记载,西周时期,"大夏兹白牛"。孔晁注为:"大夏,西北戎。"禺氏,即月氏。月氏居住地,《史记·大宛列传》记载:"始月氏居敦煌、祁连间,及为匈奴所败,乃远去,过宛,西击大夏而臣之,遂都妫水北,为王庭。其余小众不能去者,保南山羌,号小月氏。"③犬戎,《后汉书·西羌传》记载:"至穆王时,戎狄不贡,王乃西征犬戎,获其五王,又得四白鹿,四白狼,王遂迁戎于太原。夷王衰弱,荒服不朝,乃命虢公率六师伐太原之戎,至于俞泉,获马千匹。"④《古本竹书纪年》也记载了穆王西征犬戎之事。则可知犬戎在穆王时代在太原之西。《史记·匈奴列传》记载,"其后百有余岁,周西伯昌伐畎夷氏。后十有余年,武王伐纣而营雒邑,复居于酆鄗,放逐戎夷泾、洛之北,以时入贡,命曰'荒服'","畎夷","索隐"中韦昭注为"犬戎"。⑤ 可知在西周初年,犬

---

① 朱右曾.逸周书集训校释[M].上海:商务印书馆,1940:120-121.
② 胡念贻.《逸周书》中的三篇小说[J].文学遗产,1981(2):19-29.
③ 司马迁.史记:第10册[M].北京:中华书局,1959:3162.
④ 范晔.后汉书:第10册[M].李贤,等注.北京:中华书局,1965:2871.
⑤ 司马迁.史记:第9册[M].北京:中华书局,1959:2881-2882.

戎居住在今陕西北部及以北地区。"大夏"在月氏、犬戎之间，可以推断，战国时期，大夏地理位置在今甘肃一带。

《吕氏春秋·仲夏纪·古乐》记载："昔黄帝令伶伦作为律。伶伦自大夏之西，乃之阮隃之阴，取竹于嶰溪之谷，以生空窍厚钧者，断两节间，其长三寸九分而吹之，以为黄钟之宫，吹曰'舍少'。"①类似记载在《说苑·修文》中也有出现："黄帝诏伶伦作为音律。伶伦自大夏之西，乃之昆仑之阴，取竹于嶰谷，以生窍厚薄均者，断两节间，其长九寸而吹之以为黄钟之宫，曰含少，次制十二管。以昆仑之下听凤之鸣，以别十二律，其雄鸣为六，雌鸣亦六，以比黄钟之宫，适合黄钟之宫，皆可生之，而律之本也。"②此外《汉书·律历志上》记载："黄帝使泠纶，自大夏之西，昆仑之阴，取竹之解谷生。"③《风俗通义·声音》记载："昔皇帝使伶伦自大夏之西，昆仑之阴，取竹于嶰谷生。"④以上记载可知"阮隃"即"昆仑"。所以伶伦取竹的地点在大夏之西的昆仑之阴。昆仑作为一个地名，其具体位置尚有不同的争议，李并成以为，昆仑包括祁连山以及南柴达木盆地周边山系⑤。若以竹子的产地来看，中国竹类资源丰富，但黑龙江、吉林、内蒙古以及新疆不产竹⑥。故而《吕氏春秋·仲夏纪·古乐》所记载的大夏，没有达到新疆，还在甘肃西北一带。

《穆天子传》卷四记载："自宗周瀍水以西，北至于河宗之邦阳纡之山，三千有四百里；自阳纡西至于西夏氏，二千又五百里；自西夏至于珠余氏及河首，千又五百里；自河首、襄山以西，南至于舂山、珠泽、昆仑之丘，七百里。"⑦西夏，一般认为就是大夏。"宗周瀍水"即今洛阳一带。"阳纡"，前代学者认为是今阴山山脉，现今学者认为是今阴山山脉西段

---

① 吕氏春秋[M].高诱,注.毕沅,校.徐小蛮,标点.上海:上海古籍出版社,2014:102.
② 刘向.说苑疏证[M].赵善诒,疏证.上海:华东师范大学出版社,1985:584.
③ 班固.汉书:第4册[M].颜师古,注.北京:中华书局,1962:959.
④ 应劭.风俗通义校注[M].王利器,校注.2版.北京:中华书局,2010:273.
⑤ 李并成."昆仑"地望考[J].敦煌学辑刊,2006(3):141-144.
⑥ 梁泰然.中国竹林类型与地理分布特征[J].竹子研究汇刊,1990,9(4):2.
⑦ 穆天子传[M].高永旺,译注.北京:中华书局,2019:145.

的背后①,也有学者认为是今山西河曲附近②。实际上,如果不深究的话,二者的距离相距不远。即使是在河曲县以西二千五百里,也就是在今甘肃西部一带。

总的来说,在战国时期,大夏的地理位置,在今甘肃西部至新疆哈密之间的区域。

三 大夏之盐

《吕氏春秋·孝行览·本味》记载:"和之美者:阳朴之姜。招摇之桂。越骆之菌。鳣鲔之醢。大夏之盐。宰揭之露。其色如玉,长泽之卵。"③此外,类似的记载也在《全后汉文·崔骃·七依》中出现:"滋以阳扑之姜,蕲以寿木之华。醝以大夏之盐,酢以越裳之梅。"④"大夏之盐"的产地在何处?学者有不同的见解。东汉时期高诱在注释《吕氏春秋》时认为:"大夏,泽名,或曰山名,在西北。盐,形盐。"⑤郝懿行认为:"大夏,古晋地。"⑥郝懿行认为大夏是古晋地,实际上认为"大夏之盐"就是河东池盐。也有学者认为,"大夏之盐"为四川井盐⑦。

要探讨"大夏之盐"的产地,必须要围绕一个核心问题进行讨论,即哪种盐能够在调味时达到"和之美"的境界。

就"和之美"这个问题来看,河东盐池所产之盐要排除。河东盐池所产之盐在先秦被称为"盬"。《说文解字》记载:"盬,河东盐池。袤五十一里,广七里,周百十六里。"⑧河东盐池所产之盐,由于自然结晶,所

---

① 任乃宏."阳纡之山"新考[J].宁夏社会科学,2017(5):198-201.
② 李炳海.《穆天子传》的阳纡之山位于晋西北河曲考[J].山西大学学报(哲学社会科学版),2019,42(4):1-5.
③ 吕氏春秋[M].高诱,注.毕沅,校.徐小蛮,标点.上海:上海古籍出版社,2014:276.
④ 全后汉文[M].严可均,辑.许振生,审订.北京:商务印书馆,1999:447.
⑤ 吕氏春秋[M].高诱,注.毕沅,校.徐小蛮,标点.上海:上海古籍出版社,2014:279.
⑥ 许维遹.吕氏春秋集释[M].北京:中国书店,1985:69.
⑦ 阿波.大夏之盐新探[J].盐业史研究,2008(1):33-39.
⑧ 许慎.说文解字:附音序、笔画检字[M].徐铉,校定.北京:中华书局,2013:248.

含杂质比较高,味苦。东汉时期的文献记载表明,当时河东盐还是以自然结晶形式开采,"卤咸一名寒石。味苦,寒,无毒……生盐池"①。直到北魏时期,河东盐池仍然沿用原有的技术开采食盐,《水经注·涑水》记载:"今池水东西七十里,南北十七里,紫色澄渟,潭而不流。水出石盐,自然印成,朝取夕复,终无减损。惟山水暴至,雨澍潢潦奔泆,则盐池用耗。故公私共竭水径,防其淫滥,谓之盐水,亦谓之为竭水……土俗裂水沃麻,分灌川野,畦水耗竭,土自成盐,即所谓咸鹾也,而味苦,号曰盐田,盐盬之名,始资是矣。"②由于河东盐杂质太高,在北魏时期,人们开始对河东所产之盐再加工,去除杂质。《齐民要术》记载:"造花盐、印盐法:五、六月中旱时,取水二斗,以盐一斗投水中,令消尽;又以盐投之,水咸极,则盐不复消融。易器淘治沙汰之,澄去垢土,泻清汁于净器中。盐滓甚白,不废常用。又一石还得八斗汁,亦无多损。好日无风尘时,日中曝令成盐,浮即接取,便是花盐,厚薄光泽似钟乳。久不接取,即成印盐,大如豆,正四方,千百相似。成印辄沉,漉取之。花、印二盐,白如珂雪,其味又美。"③当时河东一石食盐融化去杂质之后,只能得到八斗卤水,可见其中杂质含量很高,进而影响食盐的质量。河东盐业大规模的去杂质的开采活动,是在唐代,经过多年的摸索实践,人们发明了"垦畦浇晒法",这种方法制作的盐,消除了大部分杂质,河东盐色白,再无苦涩之感。④也就是《齐民要术》中记载的"其味又美"。可见,河东盐在唐代之前,由于杂质含量比较高,味道不好,用于调味,不能达到"和之美"。所以"大夏之盐",不可能是河东盐。高诱生活在东汉时期,河东盐的质量并没有提高,味道苦涩,高诱正是了解河东盐的质量,才判定"大夏之盐"不是河东盐。

  井盐所含杂质不多,但在调味上和海盐差不多,所以如果井盐能够达到"和之美",海盐也能达到。从这种意义上来讲,"大夏之盐"不可能是井盐。那么,先秦时期是否还存在其他种类的盐呢?《周礼·天官·

---

① 马继兴.神农本草经辑注[M].北京:人民卫生出版社,1995:415-416.
② 郦道元,原注.水经注[M].陈桥驿,注释.杭州:浙江古籍出版社,2001:102-103.
③ 缪启愉,缪桂龙.齐民要术译注:卷八[M].上海:上海古籍出版社,2006:533.
④ 张朋.垦畦浇晒法与河东盐池:生产技术视角下的河东盐业相关研究[J].山西大学学报(哲学社会科学版),2009,32(1):98-103.

盐人》记载："盐人掌盐之政令,以共百事之盐。祭祀共其苦盐、散盐。宾客,共其形盐、散盐。王之膳羞,共饴盐,后及世子亦如之。凡齐事,鬻盬以待戒令。"苦盐与散盐,据郑玄注释："杜子春读苦为盬,谓出盐直用不湅治。郑司农云:'散盐,湅治者。'玄谓散盐,鬻水为盐。"饴盐,郑玄注释为:"盐之恬者,今戎盐有焉。"而贾公彦则认为戎盐即石盐。"齐事",指"和五味之事"。鬻盬,指"湅治之"。①《隋书》中也有类似的记载。《隋书·食货志》记载:"掌盐掌四盐之政令。一曰散盐,煮海以成之;二曰盬盐,引池以化之;三曰形盐,物地以出之;四曰饴盐,于戎以取之。"②可见,先秦到隋朝,中国产的盐的主要种类是海盐、盬盐、井盐以及饴盐。其中,河东盬盐到唐代之后,由于技术的进步,苦涩之味逐渐消失,在品质上赶得上海盐和井盐。饴盐,按照郑玄的注解以及《隋书·食货志》的记载,其产地为戎地,即今西北地区。饴盐最大的特点是有甜味,故孙诒让认为,"王之膳羞,共饴盐"者,馈食尚裹味,故盐以甘为贵也。孙诒让也认为贾公彦认为的饴盐即石盐是有问题的,因为在西北有些池盐也含有甜味。孙诒让的证据是《太平御览·饮食部·盐》引《凉州记》的记载:"有青盐池,出盐正方半寸,其形似石,甚甜美。"③

在西北地区,含有甜味的饴盐的产地不少。《元和郡县图志·陇右道·甘州》记载:"张掖县……盐池,在县北九百三十里。其盐洁白甘美,随月亏盈,周回一百步。"④《元和郡县图志·陇右道·肃州》记载:"玉门县……独登山,在县北十里。其山出盐,鲜白甘美,有异常盐,取充贡献。"⑤《元和郡县图志·陇右道·伊州》记载:"陆盐池,在州南六十里。周回十余里,无鱼。水自生如海盐,月满则盐多而甘,月亏则盐少而苦。"⑥此外,《北户录》卷二也记载:"郑公虔云:'琴湖池桃花盐,色

---

① 《十三经注疏》整理委员会.十三经注疏·周礼注疏:上、下[M].北京:北京大学出版社,1999:143.
② 魏徵,等.隋书:第3册[M].北京:中华书局,1973:679.
③ 李昉,等.太平御览[M].北京:中华书局,1960:3841.
④ 李吉甫.元和郡县图志[M].贺次君,点校.北京:中华书局,1983:1021-1022.
⑤ 李吉甫.元和郡县图志[M].贺次君,点校.北京:中华书局,1983:1024-1025.
⑥ 李吉甫.元和郡县图志[M].贺次君,点校.北京:中华书局,1983:1030.

如桃花,随月盈缩,在张掖西北。隋开皇中常进焉。'一云:十五日以前盐甘,月半以后苦也。"①由此可见,含有甜味的饴盐主要分布在凉州以及伊州,即今张掖到哈密一带。这些材料虽然是唐代的,但要考虑到这些地方的盐是自然出产的,其产盐的历史应该很悠久。"大夏之盐"的产地也应该在此地,故而作为地名的大夏,或者曾经有夏部落活动的区域也在此地。

四 西伐大夏

春秋时期,齐桓公曾经"西伐大夏,涉流沙"。此事的记载,主要在《管子》《国语》和《史记》之中。

《管子·小匡》记载:"故使鲍叔牙为大谏,王子城父为将,弦子旗为理,宁戚为田,隰朋为行,曹孙宿处楚,商容处宋,季劳处鲁,徐开封处卫……割越地。南据宋、郑,征伐楚,济汝水,逾方地,望文山,使贡丝于周室,成周反胙于隆岳,荆州诸侯,莫不来服。中救晋公,禽狄王,败胡貉,破屠何,而骑寇始服。北伐山戎,制冷支,斩孤竹,而九夷始听。海滨诸侯,莫不来服。西征,攘白狄之地,遂至于西河。方舟投柎,乘桴济河。至于石沈,悬车束马,逾大行。与卑耳之貉,拘秦夏。西服流沙西虞,而秦戎始从……桓公曰:'余乘车之会三,兵车之会六,九合诸侯,一匡天下。北至于孤竹、山戎、秽貉,拘秦夏,西至流沙、西虞,南至吴、越、巴、牂牁、㐬、不庾、雕题、黑齿,荆夷之国,莫违寡人之命,而中国卑我。昔三代之受命者,其异于此乎?'"②

《管子·封禅》记载:"桓公曰:'寡人北伐山戎,过孤竹。西伐大夏,涉流沙,束马悬车,上卑耳之山。南伐至召陵,登熊耳山,以望江、汉。兵车之会三,而乘车之会六。九合诸侯,一匡天下,诸侯莫违我。昔三

---

① 北户录:附校勘记[M].段公路,纂.崔龟图,注.北京:中华书局,1985:26.
② 管子校注[M].黎翔凤,撰.梁运华,整理.北京:中华书局,2004:423-426.

代受命,亦何以异乎?'"①

《国语·齐语》记载:"西征攘白狄之地,至于西河,方舟设泭,乘桴济河,至于石枕。悬车束马,逾太行与辟耳之谿拘夏,西服流沙、西吴。南城于周,反胙于绛。"②

《史记·齐太公世家》记载:"是时周室微,唯齐、楚、秦、晋为强。晋初与会,献公死,国内乱。秦穆公辟远,不与中国会盟。楚成王初收荆蛮有之,夷狄自置。唯独齐为中国会盟,而桓公能宣其德,故诸侯宾会。于是桓公称曰:'寡人南伐至召陵,望熊山;北伐山戎、离枝、孤竹;西伐大夏,涉流沙;束马悬车登太行,至卑耳山而还。诸侯莫违寡人。寡人兵车之会三,乘车之会六,九合诸侯,一匡天下。昔三代受命,有何以异于此乎?吾欲封泰山,禅梁父。'管仲固谏,不听;乃说桓公以远方珍怪物至乃得封,桓公乃止。"③

上述材料之中,"秦夏",即"泰夏","泰"通"太",即"大"。史书有时将"泰"误为"秦",古代秦山、太山、大山大多时候均指泰山。关于齐桓公西征到何地有多重说法。由于上述文献中出现了"流沙"字样,有学者认为已经到达新疆④。也有学者认为在晋南一带⑤。这些涉及几个关键地名问题,即流沙、西虞和大夏。只有弄清流沙、西虞等区域,才能大致推断大夏的所在之处。

流沙,很多学者认为其是一个固定的地名,是指河西走廊张掖地区北部居延周围的沙漠,更具体地说,就是指巴丹吉林沙漠。⑥ 其主要依据是《汉书·地理志下》的记载:"番和,农都尉治。莽曰罗虏。居延,居延泽在东北,古文以为流沙。"⑦周书灿认为流沙并不是一个固定的地名,就如同先秦时期"江"并不专指长江一样。这个看法很有道理,因为

---

① 管子校注[M].黎翔凤,撰.梁运华,整理.北京:中华书局,2004:953.
② 国语[M].上海师范大学古籍整理组,校点.上海:上海古籍出版社,1978:242.
③ 司马迁.史记:第5册[M].北京:中华书局,1959:1491.
④ 王守春.齐桓公至新疆试证[J].西域研究,1999(1):12-19.
⑤ 周书灿.有关齐桓公西征的几个地理问题[J].烟台师范学院学报(哲学社会科学版),2003,20(2):35-38,47.
⑥ 王守春.齐桓公至新疆试证[J].西域研究,1999(1):12-19;廖杨.夏朝"西被于流沙"考[J].广西师范大学学报(哲学社会科学版),2006,42(3):140-142.
⑦ 班固.汉书:第6册[M].颜师古,注.北京:中华书局,1962:1613.

按照当时的条件,要穿越沙漠,军队需要精心准备。周书灿认为流沙地望不可靠,但齐桓公也不可能西征到内蒙古和甘肃等地。根据最近的研究,"流沙"之地,应该在现在关中地区沙苑附近。沙苑是现在关中平原地区唯一的沙地,距今3000年,随着全新世晚期气候的干旱化,沙苑周边地表植被稀疏,水位下降,大量泥沙被携带至渭洛下游淤积,在风力作用下,加之人类活动的影响,沙苑地区出现扬沙现象,形成了沙丘景观。公元前408年堑洛修城,水道东移,旧有湖泊之处逐渐成为沙海。到了北魏时期,这一带出现"沙阜"。① 如果以此理解流沙是流动的沙土,而不是沙丘来看,在距今3000年前,也即是商朝后期,沙苑一带就已经起沙。

"西虞"一地,王守春认为是在位于河西走廊北面的巴丹吉林沙漠的西面,今新疆境内;而周书灿则认为是在今山西平陆一带,即西周时期虞国分封地。但这些研究还存在一定问题,按照字面之意,有"西虞",就有"东虞",只有把这两个都确定,才能确定"西虞"的大致位置。古代"虞"与"吴"互通,《史记·吴太伯世家》记载:"吴太伯,太伯弟仲雍,皆周太王之子,而王季历之兄也。季历贤,而有圣子昌,太王欲立季历以及昌,于是太伯、仲雍二人乃奔荆蛮,文身断发,示不可用,以避季历。季历果立,是为王季,而昌为文王。太伯之奔荆蛮,自号句吴。荆蛮义之,从而归之千余家,立为吴太伯。太伯卒,无子,弟仲雍立,是为吴仲雍。仲雍卒,子季简立。季简卒,子叔达立。叔达卒,子周章立。是时周武王克殷,求太伯、仲雍之后,得周章。周章已君吴,因而封之。乃封周章弟虞仲于周之北故夏虚,是为虞仲,列为诸侯。"② 从以上记载可知,吴太伯和其弟为了让位给季历以及昌,逃到荆蛮之地。二人到达的地方,屈原《楚辞·天问章句》记载为:"吴获迄古,南岳是止。孰期去斯,得两男子?"③南岳,丁山以为是荆山④。在"句吴"族的帮助下,建立邦国,"周章已君吴"。由于"吴""虞"互通,因此周章被封之地也可以被

---

① 白开霞,查小春,黄春长,等.渭河下游沙苑地区全新世环境演变[J].陕西师范大学学报(自然科学版),2012,40(5):88-93.
② 司马迁.史记:第5册[M].北京:中华书局,1959:1445-1446.
③ 刘向.楚辞[M].王逸,注.洪兴祖,补注.上海:上海古籍出版社,2015:126.
④ 丁山.古代神话与民族[M].北京:商务印书馆,2005:400.

认为是一个虞地。"周章已君吴"之地,应该在陕西,其迁徙到江南,应该在西周初年,"宜侯矢簋"记载,"唯四月,辰在丁未,王省武王成王伐商图,延省东(四)国图。王立于宜,入土(社),南向。王令虞侯矢曰:'迁侯于宜……宜侯矢扬王休,乍虞公父丁尊彝。'",很多学者以为虞侯矢为虞仲后裔①。而李学勤则指出,"虞公"应该是周章,周章应该是事实上吴国的始封之君②。

《水经注·渭水》记载:"川水东径汧县故城北。《史记》,秦文公东猎汧田,因遂都其地是也。又东历泽,乱流为一。右得白龙泉,泉径五尺,源穴奋通,沧漪四泄,东北流注于汧。汧水又东会一水,水发南山西侧,俗以此山为吴山,三峰霞举,叠秀云天,崩峦倾返,山顶相捍,望之恒有落势。《地理志》曰:吴山在县西,《古文》以为汧山也,《国语》所谓虞矣。"③《汉书·地理志上》也记载:"右扶风……汧。吴山在西,古文以为汧山。雍州山。北有蒲谷乡弦中谷,雍州弦蒲薮。汧水出西北,入渭。芮水出西北,东入泾。《诗》芮(阮),雍州川也。"④《诗经·大雅·绵》记载:"虞芮质厥成,文王蹶厥生。"⑤《诗经·大雅·公刘》也记载:"笃公刘,于豳斯馆。涉渭为乱,取厉取锻。止基乃理,爰众爰有。夹其皇涧,溯其过涧。止旅乃密,芮鞫之即。"⑥可见虞与芮应该在关中地区,齐思和认为西虞在今陕西宝鸡陇县一带⑦。其说法是比较符合实际情况的。齐桓公到达的"西虞",应该在陕西宝鸡附近。

西河,先秦有广义与狭义之分。广义上的西河即今天山西和陕西交界的由北向南流的黄河。狭义上的西河指今陕西韩城一带。《尚书·禹贡》:"黑水西河惟雍州……浮于积石,至于龙门西河,会于渭

---

① 于薇.西周封国徙封的文献举证:以宜侯矢簋铭文等四篇文献为中心[J].中国历史地理论丛,2013,28(1):25-33,39.
② 李学勤.宜侯矢簋与吴国[J].文物,1985(7):13-16,25.
③ 郦道元,原注.水经注[M].陈桥驿,注释.杭州:浙江古籍出版社,2001:283-284.
④ 班固.汉书:第6册[M].颜师古,注.北京:中华书局,1962:1546-1547.
⑤ 诗经[M].王秀梅,译注.北京:中华书局,2015:592.
⑥ 诗经[M].王秀梅,译注.北京:中华书局,2015:648.
⑦ 齐思和.中国史探研[M].北京:中华书局,1981:38.

汭。"①《史记·孙子吴起列传》也记载:"武侯浮西河而下。"②也是在指狭义的西河。

　　狄是春秋时期北方少数民族的泛称。随着华夏居民与狄人频繁的接触,对狄人内部构成有了明确的认识。狄人中出现赤狄与白狄之称呼。白狄较早出现在史书中,除《国语·齐语》以及《管子》中的记载之外,其他较早记录的是《左传·僖公三十三年》:"狄伐晋,及箕。八月戊子,晋侯败狄于箕。郤缺获白狄子。"③箕在今山西蒲县。又《左传·成公九年》记载:"秦人、白狄伐晋,诸侯贰故也。"④成公十三年,晋国国君对秦国国君说:"白狄及君同州,君之仇雠,而我之昏姻也。君来赐命曰:'吾与女伐狄。'寡君不敢顾昏姻,畏君之威,而受命于吏。"⑤《史记·匈奴列传》记载:"晋文公攘戎翟,居于河西圁、洛之间,号曰赤翟、白翟。"⑥对应的"正义"引《括地志》记载:"延州、绥州、银州,本春秋时白狄所居。"⑦延州在今延安附近,绥州在今绥德附近,银州在今米脂附近。白狄与晋国有婚姻关系,有时又联合秦国来对付晋国。重耳的母亲出自白狄,重耳曾经与狄人在渭水流域打猎。《左传·僖公二十四年》记载:"寺人披请见,公使让之,且辞焉。曰:'蒲城之役,君命一宿,女即至。其后余从狄君以田渭滨,女为惠公来求杀余,命女三宿,女中宿至。虽有君命,何其速也。夫袪犹在,女其行乎。'"⑧通过以上记载可知,白狄分布在今山西北部,山西渭水流域及以北的地方。

　　那么,齐桓公是走哪一路线达到西虞一带的呢?《管子·小匡》与《国语·齐语》记载的齐桓公西征的路线是:白狄之地—西河—济河—石沈—太行与辟耳之豁—秦夏(大夏)—西服流沙西虞。《史记·齐太公世家》与《管子·封禅》记载的齐桓公的西征路线为:西伐大夏—涉流

---

① 尚书[M].王世舜,王翠叶,译注.北京:中华书局,2012:75.
② 司马迁.史记:第7册[M].北京:中华书局,1959:2166.
③ 春秋左传集解[M].上海:上海人民出版社,1977:411.
④ 春秋左传集解[M].上海:上海人民出版社,1977:704.
⑤ 春秋左传集解[M].上海:上海人民出版社,1977:724.
⑥ 司马迁.史记:第9册[M].北京:中华书局,1959:2883.
⑦ 司马迁.史记:第9册[M].北京:中华书局,1959:2883.
⑧ 春秋左传集解[M].上海:上海人民出版社,1977:339-340.

沙—束马悬车登太行—至卑耳山而还。

文献记载的路线是不一样的,也就是说,齐桓公或是先伐大夏,涉流沙,然后登太行,取道楚丘与朝歌会山东(这是《史记》上的记载);或是先到白狄之地,到西河,然后登太行山,到大夏,再到西虞。有研究者比较早注意到此问题,但没有深入讨论。① 个人认为齐桓公沿着商汤征讨夏桀的路线,从河南过黄河到陕西,然后北上,经过今渭南到西河一带,在进军过程中,联合秦人与戎人力量(所谓"秦戎始从")灭掉了渭南、大夏之地、西虞地方的反抗势力(很可能是狄人)。之后再从西河一带过河,到达石沈,然后南下经过太行与卑耳山,回到齐国。《史记·晋世家》记载:"齐桓公闻晋内乱,亦率诸侯如晋。秦兵与夷吾亦至晋,齐乃使隰朋会秦俱入夷吾,立为晋君,是为惠公。齐桓公至晋之高梁而还归。"②高梁在今临汾东北。此外,《史记·齐太公世家》也记载,(齐桓公)三十五年,"是岁,晋献公卒,里克杀奚齐、卓子,秦穆公以夫人入公子夷吾为晋君。桓公于是讨晋乱,至高梁,使隰朋立晋君,还"③。可见,齐桓公一度率军队到达过晋国都城附近,但史书并没有记载行军路线,我们无法判断齐桓公到高梁的时间是否与其西征时间一致。

五 迁实沈于大夏

《左传·昭公元年》记载:"晋侯有疾,郑伯使公孙侨如晋聘,且问疾。叔向问焉,曰:'寡君之疾病,卜人曰:"实沈、台骀为祟。"史莫之知,敢问此何神也?'子产曰:'昔高辛氏有二子,伯曰阏伯,季曰实沈,居于旷林,不相能也。日寻干戈,以相征讨。后帝不臧,迁阏伯于商丘,主辰。商人是因,故辰为商星。迁实沈于大夏,主参。唐人是因,以服事夏、商。其季世曰唐叔虞。当武王邑姜方震大叔,梦帝谓己:"余命而子

---

① 史念海.春秋以前的交通道路[J].中国历史地理论丛,1990(3):5-37.
② 司马迁.史记:第5册[M].北京:中华书局,1959:1650.
③ 司马迁.史记:第5册[M].北京:中华书局,1959:1490.

曰虞,将与之唐,属诸参,其蕃育其子孙。"及生,有文在其手曰"虞",遂以命之。及成王灭唐而封大叔焉,故参为晋星。由是观之,则实沈,参神也。'"①

《左传·定公四年》记载:"分唐叔以大路、密须之鼓、阙巩、沽洗,怀姓九宗,职官五正。命以《唐诰》,而封于夏虚(墟),启以夏政,疆以戎索。"②"大夏"与"夏墟"所载何处,二者是一处还是二处?目前还没有定论。杜预在注《左传》时,以"大夏"注"夏虚(墟)",成为千古疑案。③杨雄《方言》记载:"秦晋之间凡物壮大谓之嘏,或曰夏。秦晋之间凡人之大谓之奘,或谓之壮。"④董琦以为,"大夏""夏墟""大夏之墟"中的"夏"与夏后氏没有直接关系,从地理学视角看,与周围地表相比,晋西南可谓是大原。因此"大夏""夏墟""大夏之墟"指晋西南地区,为有唐故居。⑤但《逸周书·史记》记载:"昔者西夏性仁非兵,城郭不修,武士无位,惠而好赏,财屈而无以赏,唐氏伐之,城郭不守,武士不用,西夏以亡。"⑥这说明在有唐附近,确实有夏部落,并且还建立了城市(或者是大型聚落)。因此,夏墟与大夏等是有明确含义的,而且夏墟不等于大夏。⑦

要解决上述问题,除文献之外,还需结合当前的考古成果,方能辨别其中的实际情况。

(一)夏墟

"墟",同"虚"。先秦时期,墟的含义主要有四种:一是大丘,《礼记·檀弓下》记载:"墟墓之间,未施哀于民而民哀。"⑧二是故城,《竹书

---

① 春秋左传集解[M].上海:上海人民出版社,1977:1196.
② 春秋左传集解[M].上海:上海人民出版社,1977:1620.
③ 董琦.虞夏时期的中原[M].北京:科学出版社,2000:253.
④ 杨雄.方言[M].郭璞,注.上海:商务印书馆,1936:5.
⑤ 董琦.虞夏时期的中原[M].北京:科学出版社,2000:254-255.
⑥ 朱右曾.逸周书集训校释[M].上海:商务印书馆,1940:132.
⑦ 王克林.夏族与文化的起源[M].太原:三晋出版社,2016:106-109.
⑧ 礼记[M].陈澔,注.金晓东,校点.上海:上海古籍出版社,2016:127.

纪年》记载:"盘庚自奄迁朝歌,遂曰殷墟。"①《诗经·鄘风·定之方中》曰:"升彼虚矣,以望楚矣。望楚与堂,景山与京。"②这里的"墟"和"虚"都是故城之意。三是大沟,《列子·汤问》记载:"渤海之东不知几亿万里,有大壑焉,实惟无底之谷,其下无底,名曰归墟。"③四是人烟聚集之处,《庄子·徐无鬼》记载:"舜有膻行,百姓悦之,故三徙成都,至邓之虚而十有万家。"④《太平御览》卷八十一则为"至邓之墟十万家"⑤。故而在先秦时期,"夏墟"应该确指夏部落聚集的古城,或者活动的中心区域。

夏墟究竟在晋南何处呢?《史记·货殖列传》记载:"昔唐人都河东,殷人都河内,周人都河南。夫三河在天下之中,若鼎足,王者所更居也,建国各数百千岁,土地小狭,民人众,都国诸侯所聚会,故其俗纤俭习事。"⑥此处"唐人"应该是"夏人",商朝多次迁都,其都城并不固定在"河内",只是武乙迁都之后到纣灭国之后的都城。按照司马迁的叙述方式,论及各地空间与地域范围时,一般是最后一个王所在的位置。⑦则河东当是夏桀最后的都城所在地。《今本竹书纪年》记载夏桀即位后迁都斟寻:"十三年,迁于河南。"⑧《古本竹书纪年》无此记载。《史记·孙子吴起列传》记载:"夏桀之居,左河济,右泰华,伊阙在其南,羊肠在其北,修政不仁,汤放之。"⑨但此地与斟寻有重合之处,故二者可能是一处。此外《逸周书·度邑》记载:"自雒汭延于伊汭,居易无固,其有夏之居。"⑩反映了夏朝长期在伊洛河流域定都。但夏桀是否长期居住在

---

① 转引自王筠.说文解字句读:卷六下[M].清刻本.
② 诗经[M].王秀梅,译注.北京:中华书局,2015:100.
③ 杨伯峻.列子集释[M].北京:中华书局,1979:151.
④ 郭庆藩.庄子集释[M].王孝鱼,点校.北京:中华书局,2018:864.
⑤ 李昉,等.太平御览[M].北京:中华书局,1960:378.
⑥ 司马迁.史记:第10册[M].北京:中华书局,1959:3262-3263.
⑦ 何百川.晋国早期中心区域新论:历史地理学的一个新视角[J].中山大学研究生学刊(人文社会科学版),2017,38(3):42-52.
⑧ 王国维.古本竹书纪年辑校·今本竹书纪年疏证[M].黄永年,校点.沈阳:辽宁教育出版社,1997:59.
⑨ 司马迁.史记:第7册[M].北京:中华书局,1959:2166.
⑩ 朱右曾.逸周书集训校释[M].上海:商务印书馆,1940:72.

斟寻,则记载不明。根据上博简《容成氏》以及清华简《伊至》等新出文献记载,夏桀曾长期在夏都安邑居住。① 夏都斟寻,一般认为是二里头遗址。二里头文化遗址具有延续性,学界将之分为四期。据最新碳十四测年,二里头一期文化遗址时间不早于公元前1880年,商朝始于二里头二期遗址偏晚阶段到三期之间。②

新力量取代旧势力,往往伴随着各种暴力活动。清凉寺遗址处于国家出现的前夜。随着财富的积累和社会分化日趋明显,极端不平等的因素自然而然地逐步增加,甚至愈演愈烈,直接导致整个墓地的大型墓葬全部被盗掘。绝大多数墓葬的随葬品被盗扰一空,多数墓葬发现的器物已不在下葬时墓葬中原有的地方。只有极个别的墓葬侥幸保存了入葬时期的状态。③ 陶寺遗址中也发现了政权更替过程之中的暴力现象,比如毁墓现象,毁墓有以下特点:(1)捣毁墓葬大多是大型墓葬,而且有些墓葬被认为是王一级的墓葬;(2)毁墓过程中针对性极强,直接挖掘到墓室中上部,可谓是精准破坏;(3)墓葬中的随葬品存在扰乱现象,很多随葬品没有被取走。由此可见,这种行为不是为追求财富而出现的盗墓行为,而是纯粹的毁墓行为。陶寺遗址明显的毁墓对象均是当时身份地位崇高者,且以王者为最主要的对象。毁墓者有意而为,目标明确,目的就是掘坟曝尸。陶寺遗址中毁墓现象只是针对较大类型的墓葬,而且被毁墓葬是陶寺遗址晚期人毁掉的,这些人不仅毁掉早期和中期墓葬,而且也毁掉晚期的大墓。毁墓的原因,一种情况是政治报复行为,一个族群被压制几百年后,趁着原有势力衰落而展开大规模的报复行动;另一种可能是外来势力取代了当地势力,对当时的墓葬进行了毁灭。④ 除了毁墓,陶寺城址也有被破坏的痕迹,陶寺城址早期的城墙出现了毁灭性破坏的痕迹,在一些壕沟中堆满了被毁掉的早期宫

---

① 陈民镇.清华简伊尹诸篇与商汤居地及伐桀路线考[J].广西师范大学学报(哲学社会科学版),2018,54(2):1-11.
② 张雪莲,仇士华,蔡莲珍,等.新砦—二里头—二里冈文化考古年代序列的建立与完善[J].考古,2007(8):79.
③ 薛新明.清凉寺史前墓地 文明起源的横截面[J].大众考古,2013(6):56.
④ 高江涛.试析陶寺遗址的"毁墓"现象[M]//中国社会科学院考古研究所夏商周考古研究室.三代考古:七.北京:科学出版社,2017:345-354.

殿的建筑垃圾。除此之外,还出现有暴力的痕迹,有灰沟中埋葬五层人骨,均是青壮年,他们大多死于非命,这些人的人骨明显被肢解,许多颅骨有钝器劈啄痕,其中人工劈下的面具式面颊有6个之多。另外,陶寺遗址中期祭祀区中大型宗庙被破坏。①

权力的更替不是温情脉脉的,而是伴随着一系列的暴力活动,二里头文化遗址的延续性表明,夏桀在此居住的时间不长,夏王朝势力影响有限。夏桀应该长期居住在晋南安邑。商汤灭亡夏朝之后,因担心夏朝势力的反攻,对夏朝都城采取了毁灭式的破坏。《墨子·非攻下》记载:"汤焉敢奉率其众,是以乡有夏之境。帝乃使阴暴毁有夏之城。少少有神来告曰:'夏德大乱,往攻之,予必使汝大堪之。予既受命于天。'天命融隆火于夏之城间西北之隅。汤奉桀众以克有,属诸侯于薄,荐章天命,通于四方,而天下诸侯莫敢不宾服。则此汤之所以诛桀也。"②可以断定,如果晋南安邑夏都将来被发现,被商汤毁灭性地破坏而成为一片废墟的可能性是极大的。因此,史书上的"夏墟",并不是指整个晋南地区,而应该是指安邑周边地区。《战国策·秦策四》记载:"魏伐邯郸,因退为逢泽之遇,乘夏车,称夏王,朝为天子,天下皆从。"③童书业以为,魏王因为其国都安邑在故夏墟,所以称夏王④。当然,夏都安邑,在先秦时期地理范围比较广,不能以现在地理或者政区的观念来判断其具体位置。

(二)唐伐西夏

尧舜时期,还发生了唐灭伐西夏事件。《逸周书·史记》记载:"昔者西夏性仁非兵,城郭不修,武士无位,惠而好赏,财屈而无以赏,唐氏伐之,城郭不守,武士不用,西夏以亡。"⑤类似的记载在《博物志·杂

---

① 王晓毅,丁金龙.从陶寺遗址的考古新发现看尧舜禅让[J].山西师大学报(社会科学版),2004,31(3):88-89.
② 墨子[M].毕沅,校注.吴旭民,校点.上海:上海古籍出版社,2014:83.
③ 战国策[M].缪文远,缪伟,罗永莲,译注.北京:中华书局,2012:204.
④ 童书业.童书业著作集:第1卷[M].童教英,整理.北京:中华书局,2008:529.
⑤ 朱右曾.逸周书集训校释[M].上海:商务印书馆,1940:132.

说》中也出现:"昔西夏仁而去兵,城郭不修,武士无位,唐伐之,西夏亡。"①西夏,相对东夏而言,夏朝长时间定都河南,故为东夏;将晋南一带夏人旧有的居住地称为西夏。唐伐西夏在何时呢?这应该与陶唐和夏部落之间的冲突有关。

一般认为,夏部落活动于崇山。《国语·周语上》记载:"昔夏之兴也,融降于崇山;其亡也,回禄信于聆隧。"②禹的父亲鲧,为崇伯。《国语·周语下》也记载:"其在有虞,有崇伯鲧,播其淫心,称遂共工之过,尧用殛之于羽山。其后伯禹念前之非度,厘改制量,象物天地,比类百则,仪之于民,而度之于群生,共之从孙四岳佐之,高高下下,疏川导滞,锺水丰物,封崇九山,决汨九川,陂鄣九泽,丰殖九薮,汨越九原,宅居九隩,合通四海。"③《太平御览·州郡部》记载:"《帝王世纪》曰:夏鲧封崇伯。故《春秋传》曰:'谓之有崇伯鲧,国在秦晋之间。'《左氏传》曰'赵穿侵崇'是也。"④《水经注·淮水》中也记载:"鲧既死,其神化为黄熊,入于羽渊,是为夏郊,三代祀之,故《连山易》曰:有崇伯鲧,伏于羽山之野者是也。"⑤

崇山的位置,段玉裁在释《国语》"夏之兴也,融降于崇山"时说:"崇、嵩古通用。夏都阳城,嵩山在焉。"⑥长期以来人们认为夏部落起源于伊洛流域。实际上说崇山为嵩山是一种讹传。嵩山在历史上有很多叫法,西周之前为外方山;西周时称为天室;春秋时称为大室或泰室;西汉以来,被称为大室山或者嵩高山,隋唐时期,正式称为嵩山。嵩山称呼演变上,未见有崇山的字样。此外,崇、嵩二字并不通用。崇字出现很早,《说文解字》中有收录。嵩字也很早就出现了。《诗经》和《淮南子》中有"嵩"字。但二者并不通用,《淮南子》中"嵩高山"和"崇山"并载,可见"嵩"没有取代"崇"。汉武帝时期,将"嵩高山"改为"崇高山",

---

① 博物志[M].郑晓峰,译注.北京:中华书局,2019:254.
② 国语[M].上海师范大学古籍整理组,校点.上海:上海古籍出版社,1978:30.
③ 国语[M].上海师范大学古籍整理组,校点.上海:上海古籍出版社,1978:103-104.
④ 李昉,等.太平御览[M].北京:中华书局,1960:753.
⑤ 郦道元,原注.水经注[M].陈桥驿,注释.杭州:浙江古籍出版社,2001:483.
⑥ 徐元诰.国语集解[M].王树民,沈长云,点校.北京:中华书局,2002:29.

主要是取崇敬、崇拜之意。所以,崇山不是嵩山。① 崇山,在古冀州,《论衡·书虚》记载:"传书言:舜葬于苍梧,象为之耕;禹葬会稽,鸟为之田。盖以圣德所致,天使鸟兽报佑之也。世莫不然。考实之,殆虚言也。夫舜、禹之德不能过尧,尧葬于冀州,或言葬于崇山,冀州鸟兽不耕,而鸟兽独为舜、禹耕,何天恩之偏驳也?"②可见冀州之内有崇山。

冀州,据《禹贡》载,其范围是:现今的山西中、南部,河南北部,河北的中南部。但其中心地区则在山西南部。③《史记·司马相如列传》记载,"历唐尧于崇山兮,过虞舜于九疑",张守节"正义"认为崇山即狄山。④《山海经·海外南经》记载:"狄山,帝尧葬于阳。"⑤《墨子·节葬下》记载:"昔者尧北教乎八狄,道死,葬蛩山之阴。"⑥《水经注·瓠子河》记载:"瓠河故渎又东径句阳县之小成阳,城北侧渎。《帝王世纪》曰:尧葬济阴成阳西北四十里,是为谷林。墨子以为尧堂高三尺,土阶三等,北教八狄,道死,葬蛩山之阴。《山海经》曰:尧葬狄山之阳,一名崇山。二说各殊,以为成阳近是,尧冢也。"⑦崇山,在今临汾。《读史方舆纪要》卷四十一记载:"崇山,在县东南四十里。一名卧龙山。顶有塔,俗名大尖山。山之西峤亦曰卧龙冈,东南接曲沃、翼城,北接临汾、浮山,皆谓之分水岭,南北连亘,长二十余里……又三交水,在县东二十里。源出崇山,合诸溪水西流入汾。"⑧由此可见,夏族兴起于崇山,即今临汾翼城一带⑨。

夏族兴起于翼城一带,其早期核心区域也应该在附近。唐伐西夏,

---

① 刘铮."嵩山"非"崇山"辨:夏族起源新探之一[J].中原文物,2013(2):28-32.
② 王充.论衡[M].上海:上海古籍出版社,1990:39-40.
③ 李民.《禹贡》、"冀州"与夏文化探索[J].社会科学战线,1983(3):123-131.
④ 司马迁.史记:第9册[M].北京:中华书局,1959:3060.
⑤ 山海经译注[M].陈成,译注.上海:上海古籍出版社,2014:260.
⑥ 墨子[M].毕沅,校注.吴旭民,校点.上海:上海古籍出版社,2014:99.
⑦ 郦道元,原注.水经注[M].陈桥驿,注释.杭州:浙江古籍出版社,2001:380-381.
⑧ 顾祖禹.读史方舆纪要[M].贺次君,施和金,点校.北京:中华书局,2005:1877.
⑨ 王玉哲.夏文化研究中的几个问题[M]//中国先秦史学会.夏史论丛.济南:齐鲁书社,1985:1-18;陈昌远."虫伯"与文王伐崇地望研究:兼论夏族兴起于晋南[J].河南大学学报(社会科学版),1992,32(1):20-26;刘铮."崇山"即"塔儿山"说新证:夏族起源新探之二[J].中原文化研究,2015(2):123-128.

反映了早期部落之间的冲突。唐,即陶唐氏,陶唐氏发源于山东,经河北、晋中到达晋南,抵达晋南后与当地部落发生了冲突。这是唐伐西夏的大致真相。唐伐西夏的时间,韩建业以为在陶寺遗址一期之前,即公元前2600年左右;刘铮以为发生在大禹时期。① 个人认为,唐伐西夏应该发生在陶唐氏部落来到晋南之后,在陶寺遗址建立之前;通过伐西夏,把夏部落势力赶出翼城一带,然后建立了陶寺城址。陶寺文化早期也是非当地文化发展起来的,而是以新来文化为主,融合了当地的文化。当然,唐伐西夏也不是依靠陶唐氏单独的力量才完成,陶唐氏部落可能联合了当地的有虞氏部落。《史记·夏本纪》记载:"当帝尧之时,鸿水滔天,浩浩怀山襄陵,下民其忧。尧求能治水者,群臣四岳皆曰鲧可。尧曰:'鲧为人负命毁族,不可。'四岳曰:'等之未有贤于鲧者,愿帝试之。'于是尧听四岳,用鲧治水。九年而水不息,功用不成。于是帝尧乃求人,更得舜。舜登用,摄行天子之政,巡狩。行视鲧之治水无状,乃殛鲧于羽山以死。天下皆以舜之诛为是。于是舜举鲧子禹,而使续鲧之业。"②其历史真相是有影响力的夏部落被陶唐氏的尧和有虞氏的舜联合打击,其首领鲧也被杀。由于夏部落影响力太大,尧舜也不敢对夏部落痛下杀手,大禹治水时,"禹伤先人父鲧功之不成受诛,乃劳身焦思,居外十三年,过家门不敢入"③,从某种意义上反映了大禹害怕治水不成功被杀的担心。陶寺遗址早期的小城,是尧都;中晚期的大城,是舜都。尧舜之间的权力过渡,虽然有武力因素,但陶寺遗址中晚期文化的一致性反映了其暴力成分有限。陶寺文化遗址晚期出现毁墓毁城现象,应该是夏禹取得权力之后对二者的报复。④ 当然,夏禹也应该联合了其他部落,比如周部落的力量,陶寺文化晚期有周人文化的痕迹,也反映了在晋南周人的壮大。但当时有虞氏力量仍然强大,导致夏禹早期将都城从安邑迁徙到阳城,主要是要"辟舜之子商均于阳城"⑤。

---

① 韩建业.唐伐西夏与稷放丹朱[J].北京大学学报(哲学社会科学版),2001,38(4):119-123;刘铮.从陶寺遗址看"唐伐西夏"[J].四川文物,2015(2):48-53.
② 司马迁.史记:第1册[M].北京:中华书局,1959:50.
③ 司马迁.史记:第1册[M].北京:中华书局,1959:51.
④ 张国硕.陶寺文化性质与族属探索[J].考古,2010(6):66-75.
⑤ 司马迁.史记:第1册[M].北京:中华书局,1959:82.

从唐伐西夏可知夏部落起源于塔儿山一带,陶唐氏在晋南主要基地是陶寺遗址附近。今翼城附近有北唐、东唐、西唐、云唐等地名,反映了陶唐氏在当地活动的情况。《左传·昭公元年》记载:"迁实沈于大夏,主参。唐人是因,以服事夏、商。"①"唐人是因"的大夏之地在哪里?很多人认为大夏就是在翼城附近,实际上根据陶唐氏迁徙的情况,在晋中的可能性不能排除。

六 北过大夏

《史记·秦始皇本纪》载始皇初并天下,分天下为三十六郡,"地东至海暨朝鲜,西至临洮、羌中,南至北向户,北据河为塞,并阴山至辽东"②,据"正义",这里所说的"河",是指"灵、夏、胜等州之北黄河"③,即今内蒙古鄂尔多斯地区的黄河,当时秦朝的北部疆域即止于此处黄河两岸。秦始皇二十八年(公元前219年),其巡游到山东,留下的琅邪石刻记载了秦朝领土,"六合之内,皇帝之土。西涉流沙,南尽北户。东有东海,北过大夏"④,大夏的位置,杜预以为:"大夏,太原晋阳县。"⑤这是有道理的,当时秦朝北方郡县为雁门郡和云中郡,朔方等郡还是在四年后才有的,秦始皇三十二年(公元前215年),"因使韩终、侯公、石生求仙人不死之药。始皇巡北边,从上郡入。燕人卢生使入海还,以鬼神事,因奏录图书,曰'亡秦者胡也'。始皇乃使将军蒙恬发兵三十万人北击胡,略取河南地"⑥。

如果当时"大夏"还是在晋中等地,则"北过大夏"地理范围太广。之所以说"北过大夏",主要是因为"大夏"之北,风俗与草原地区相同。

---

① 春秋左传集解[M].上海:上海人民出版社,1977:1196.
② 司马迁.史记:第1册[M].北京:中华书局,1959:239.
③ 司马迁.史记:第1册[M].北京:中华书局,1959:241.
④ 司马迁.史记:第1册[M].北京:中华书局,1959:245.
⑤ 司马迁.史记:第1册[M].北京:中华书局,1959:246.
⑥ 司马迁.史记:第1册[M].北京:中华书局,1959:252.

《汉书·地理志下》记载:"赵、中山地薄人众,犹有沙丘纣淫乱余民……太原、上党又多晋公族子孙,以诈力相倾,矜夸功名,报仇过直,嫁取送死奢靡。汉兴,号为难治,常择严猛之将,或任杀伐为威。父兄被诛,子弟怨愤,至告讦刺史二千石,或报杀其亲属。钟、代、石、北,迫近胡寇,民俗懻忮,好气为奸,不事农商,自全晋时,已患其剽悍,而武灵王又益厉之。故冀州之部,盗贼常为它州剧。定襄、云中、五原,本戎狄也,颇有赵、齐、卫、楚之徙。其民鄙朴,少礼文,好射猎。雁门亦同俗,于天文别属燕。"[1]故"北过大夏"之大夏,应该在太原附近,这与殷商时期夏朝后裔鬼方族群不断向太原一带迁徙有关。这个问题在下文有比较详细的论述。

---

[1] 班固.汉书:第6册[M].颜师古,注.北京:中华书局,1962:1655-1656.

第三章 夏朝遗民的迁徙

夏朝灭亡后,留在当地的夏人被商人同化,部分遗民开始了迁徙之路。夏朝遗民大量移居巴地。巴地是夏人母族所在地。《史记·夏本纪》"正义"引《帝王纪》记载:"父鲧妻修己,见流星贯昴,梦接意感,又吞神珠薏苡,胸坼而生禹。名文命,字密,身九尺二寸长,本西夷人也。"①《全汉文·杨雄·蜀王本纪》记载:"禹本汶山郡广柔县人,生于石纽,其地名痢儿畔。禹母吞珠孕禹,坼副而生于县涂山,娶妻生子,名启,于今涂山有禹庙,亦为其母立庙。"②《华阳国志·巴志》记载:"江州县郡治。涂山有禹王祠及涂后祠。"③夏遗民来到巴地,并在此建立了反商的基地。武丁时期,妇好伐巴,对夏人势力再次打击,部分夏人被迫再次向西南迁徙。④ 夏人还南迁至巢州一带,此外在浙江绍兴一带,也存在夏朝遗民的痕迹。但夏人迁徙到北方与西北的居多。

---

① 司马迁.史记:第1册[M].北京:中华书局,1959:49.
② 严可均.全汉文[M].任雪芳,审订.北京:商务印书馆,1999:542.
③ 常璩.华阳国志[M].四部丛刊景明钞本.
④ 曾超.夏人对巴地的移民新探[J].烟台大学学报(哲学社会科学版),2004,17(4):446-449.

一　北迁为禺氏

夏朝晚期,昆吾族群中有部分离开晋南迁徙至阴山山脚鄂尔多斯一带,构成朱开沟文化来源之一。朱开沟文化是以砂质带钮罐、肥袋足鬲和厚背弧刃石刀为代表的文化遗存。其年代大致在夏代晚期至商代早期之间。朱开沟文化早期深腹体长带钮罐的特点受到了东下冯文化之中双鋬罐的影响。此后的钮罐则吸收了本土文化、下七垣文化以及东下冯文化的印象。朱开沟文化部分肥袋足鬲上还有小桥耳,与东下冯文化中的鬲、罐类器物中的耳相似。而带这种小耳的鬲与罐是东下冯文化最具有代表性的器物。故而朱开沟文化中带耳的器物应该是受东下冯文化的影响。朱开沟文化颇具特色的弧刃石刀可能源自二里头文化和东下冯文化。该类石刀通常比较厚,平面呈梯形或近方形;单面刃,刃斜直或外弧;器中一般有一钻孔。它的早期形态(单刃斜直)与朱开沟当地文化中的长方形双面刃薄石刀在形制上相差甚远,而与二里头和东下冯文化的同类器相似。下七垣文化也有长方形穿孔石刀,但多为双面刃,较薄。朱开沟文化的这种石刀在被吸收过来之后就走上了与二里头文化石刀完全不同的发展道路:刃部剖面由直变弧,整个刀身趋于弯曲,纵剖面越来越像"逗号",成为朱开沟文化的特色器类。①

昆吾族群来到朱开沟,可能与当地富有铜矿资源有关。朱开沟文化中虽然没有发现夏代早期开采铜矿的遗址或者铜器,但商代早期,商人迅速将势力延伸至此地,与阴山地区富有铜矿资源相关。②

朱开沟文化消失于商朝中期,大致在盘庚迁都之前;朱开沟文化受到来自其西北的势力攻击,虽然进行了激烈的抵抗,但仍无济于事。

商朝占领朱开沟之后,朱开沟文化族群开始向西北地区迁徙,在距离朱开沟一百千米的在陕西北部佳县石摞摞山遗址出现了朱开沟文化

---

① 王乐文.试论朱开沟文化的起源、发展与消亡[J].北方文物,2006(3):6-11.
② 刘莉,陈星灿.城:夏商时期对自然资源的控制问题[J].东南文化,2003(3):45-60.

的痕迹。此后还继续向陕西西南方向移动。① 在李家崖文化之中,也见到了朱开沟文化的痕迹。李家崖文化可分四期,早期大致相当于商朝武丁晚年(武丁死于公元前 1192 年),晚期为西周早期。李家崖文化中高斜领乳状袋足鬲在各个时期都存在。这种鬲器身由高斜领和乳状袋足两部分组成,二者的接合处饰有掩盖接茬的附加堆纹或戳印纹,即所谓的"花边"。故而李家崖文化各个时期是同一文化的不同发展阶段。李家崖文化中折沿鼓腹鬲的装饰类似于朱开沟文化中的"蛇纹",形制也与朱开沟遗址晚期的陶鬲相似。此外,李家崖遗址早期的陶甗与朱开沟文化的陶甗也比较相似。李家崖文化早期主要的陶鬲与朱开沟文化晚期的陶鬲相似,说明二者在文化上相承,李家崖文化中有部分来源于朱开沟文化。② 此外,在柳林高红遗址中,也出现了该文化的痕迹。

商朝中后期,随着土方、舌方先后被商朝击败,这些族群有部分向北迁徙。"舌",丁山以为:该字象柱而下形,盖即柄字初文。《庄子·在宥》,"仁义之不为桎梏凿枘也"。以柱头置于础上,必若凿枘之相和始为安吉。"舌"固象柱枘合于础凿形,安全之象,亦吉字本义矣。吉,隶变作壹,由壹所孳乳之噎、殪、瞪等字,都有堵塞之意。因、壹、吉为一音之转;而燕与龸,其音读变化亦相似,是知甲骨文所见吉方,决为南燕故名……后稷娶于姞;姞,当是吉方。③《史记·西羌传》引《竹书纪年》曰:"太丁二年,周人伐燕京之戎,周师大败。"④可能是武丁伐吉方传闻所误。"燕京之戎"在燕京之山附近。《淮南子·墬形训》有:"汾出燕京。"⑤高诱注为:"燕京,山名也。在太原汾阳,汾水所出。"⑥《水经注·汾水》记载:"汾水出太原汾阳县北管涔山。《山海经》曰:《北次二经》之首,在河之东,其首枕汾,曰管涔之山,其上无木,而下多玉,汾水出焉,

---

① 张天恩.陕北高原商代考古学文化简论[J].中国国家博物馆馆刊,2016(9):18-30.
② 孟琦,杨建华.李家崖文化分期及相关问题研究[J].考古与文物,2016(1):38-53.
③ 丁山.商周史科考证[M].北京:中华书局,1988:79.
④ 范晔.后汉书:第 10 册[M].李贤,等注.北京:中华书局,1965:2871.
⑤ 刘安,等.淮南子[M].高诱,注.上海:上海古籍出版社,1989:46.
⑥ 刘安,等.淮南子[M].高诱,注.上海:上海古籍出版社,1989:46.

西流注于河。《十三州志》曰：出武州之燕京山。亦管涔之异名也。"①郭璞有注为"管音奸"，可知管、吉为一声之转。"管涔"大概为"吉方"之读音。"燕京"亦是"壹方"语之转。"燕京之山"，当是"吉方"故居。②萧兵先生以为丁山先生将"舌"释为"吉"的本义有些勉强。但也可以释为"吉"，又因声近，"吉方"可写为"郅方"，或"邛方"，后来加女字旁变成了姞方、姞人、姞妃。③

但丁山与萧兵先生的说法有可疑之处。首先，"管涔之山"在今太原之北，而根据出土资料以及当时商人的势力范围来看，舌方应在今柳林一带。即使存在这种情况，也可能是舌方之人被打败后迁徙所至。其次，"舌方"人群主要文化类型是石楼-绥德文化，而姞姓密须人群主要是碾子坡文化，二者有区别。

这部分北上的昆吾族群后裔，在北方发展成为禹氏，以雁门关为中心，控制着西北玉石进入中原的贸易集散地。

《逸周书·王会》记载："正北，空同、大夏、莎车、姑他、旦略、豹胡、代翟、匈奴、楼烦、月氏、孅犁、其龙、东胡，请令以橐驼、白玉、野马、騊駼、駃騠、良弓为献。"④又《穆天子传》卷一记载："甲午，天子西征，乃绝隃之关隥。己亥，至于焉居、禹知之平。"⑤王国维以为禹知亦即禹氏，其地在雁门之西北，黄河之东，与献令合。即今鄂尔多斯高原。

禹氏，《管子·国蓄》记载："玉起于禹氏，金起于汝汉，珠起于赤野，东西南北距周七千八百里，水绝壤断，舟车不能通。先王为其途之远，其至之难，故托用于其重，以珠玉为上币，以黄金为中币，以刀布为下币。三币握之则非有补于暖也，食之则非有补于饱也，先王以守财物，以御民事，而平天下也。"⑥

《管子·地数》也记载："夫玉起于牛氏、边山，金起于汝、汉之右洿，珠起于赤野之末光。此皆距周七千八百里，其涂远而至难，故先王各用

---

① 郦道元,原注.水经注[M].陈桥驿,注释.杭州:浙江古籍出版社,2001:90.
② 丁山.商周史料考证[M].北京:中华书局,1988:80.
③ 萧兵.楚辞新探[M].天津:天津古籍出版社,1988:756.
④ 朱右曾.逸周书集训校释[M].上海:商务印书馆,1940:124.
⑤ 穆天子传[M].高永旺,译注.北京:中华书局,2019:12.
⑥ 黎翔凤.管子校注[M].梁运华,整理.北京:中华书局,2004:1279.

于其重,珠玉为上币,黄金为中币,刀布为下币。"①

此外,《管子·轻重乙》记载:"金出于汝、汉之右衢,珠出于赤野之末光,玉出于禺氏之旁山,此皆距周七千八百余里。其涂远,其至阨,故先王度用于其重,因以珠玉为上币,黄金为中币,刀布为下币。故先王善高下中币,制下上之用,而天下足矣。"②

虽然《管子·轻重》篇被认为是西汉时期的作品③,但《国蓄》等篇应该是春秋时期的作品。禺、牛、月三字在上古读音相近,知、氏、支也如此。所以在记音时可以互相通用。禺知、禺氏、月氏、牛氏、月支都是一个族群的记音,只是到了西汉后,逐渐用约定俗成的月氏一词。④

月氏活动的地点,《史记·匈奴列传》记载:"当是之时,东胡强而月氏盛。"⑤"正义"记载:"氏音支。括地志云:'凉、甘、肃、延、沙等州地,本月氏国。'"⑥又《太平寰宇记·陇右道四》引《十三州志》记载:"瓜州之戎为月氏所逐。"⑦前文分析了"瓜州之戎"居住在今关中地区,非今陇西瓜州。"瓜州之戎为月氏所逐",可知月氏本居住在关中附近。由此可知,月氏生活的区域很广,今山西北部、陕西北部以及甘肃西部,都是月氏活动的区域。

由于月氏在此地活动频繁,也留下了诸多与月氏相关的地名。《汉书·地理志下》记载:"安定郡,武帝元鼎三年置……爰得,眴卷,河水别出为河沟,东至富平北入河。彭阳,鹑阴,月氏道。莽曰月顺。"⑧另外,居延新简记载:"长安至茂陵七十里,茂陵至茯置卅五里,茯置至好止七十五里,好止至义置七十五里,月氏至乌氏五十里,乌氏至泾阳五十里,泾阳至平林置六十里,平林置至高平八十里。"⑨乌氏,在今平凉市东四

---

① 黎翔凤.管子校注[M].梁运华,整理.北京:中华书局,2004:1360.
② 黎翔凤.管子校注[M].梁运华,整理.北京:中华书局,2004:1446.
③ 马非百.关于"管子""轻重"篇的著作年代问题[J].历史研究,1956(12):29-60.
④ 孙旭萌.由月氏一词看上古汉字记音的特点[J].汉字文化,2018(4):50-52.
⑤ 司马迁.史记:第9册[M].北京:中华书局,1959:2887.
⑥ 司马迁.史记:第9册[M].北京:中华书局,1959:2888.
⑦ 乐史.太平寰宇记[M].王文楚,等点校.北京:中华书局,2007:2954.
⑧ 班固.汉书:第6册[M].颜师古,注.北京:中华书局,1962:1615.
⑨ 甘肃省文物考古研究所,甘肃省博物馆,文化部古文献研究室,等.居延新简:甲渠候官与第四燧[M].北京:文物出版社,1990:395.

十里铺稍东。月氏,在今平凉市。在平凉市崇信县黄寨乡何湾村,1982年还出土了"月氏"铭货泉铜母范。① 可见今平凉市为月氏活动的重要区域。

月氏族群的来源,历来都有争议。有学者认为,其由突厥、乌孙和羌等族群构成②。韩康信等指出,月氏生活的区域,未发现西方人种头盖骨③。而 Y 染色体研究表明,月氏父系不可能是西方人种④。

笔者认为,月氏族群中,应该包含昆吾族群后裔。首先月氏控制中西部到中原之间的玉器贸易。我们前面论及,在玉石之路中,经过西北有多条路线到陕西,在石峁一带会合,然后经过雁门关,再南下晋南,最后到中原。在这条线路之中,昆吾族群早已控制石峁以及晋南玉器的加工,对雁门关的控制者,也应是昆吾族群。昆吾族群为了控制铜矿资源,在夏朝晚期就到达内蒙古,成为朱开沟文化的主要构成群体。有巨大收益的玉石贸易据点,昆吾族群自然会控制。此外,在商朝中后期,晋中的昆吾族群后裔土方、舌方,这部分人北上。另外,春秋时期赤狄被击败后,他们一部分也逐渐北上,这些人群逐渐聚集,也成为月氏的来源。

二 夏遗民西北迁徙

商汤灭夏之后,对夏桀的处理是很棘手的事情。《逸周书·殷祝》记载:"汤将放桀于中野,士民闻汤在野,皆委货扶老携幼奔,国中虚。桀请汤曰:'国所以为国者以有家;家所以为家者以有人也。今国无家

---

① 杨涛,黄永会,孟志平,等."月氏"铭货泉铜母范[J].中国钱币,2016(4):40-41.
② 侯丕勋."祁连小月氏"族源新探[J].青海民族研究(社会科学版),2001,12(4):28-32.
③ 韩康信,谭婧泽,张帆.中国西北地区古代居民种族研究[M].上海:复旦大学出版社,2005:248.
④ 李红杰.中国北方古代人群 Y 染色体遗传多样性研究[D].长春:吉林大学,2012:48-49.

无人矣,君有人,请致国君之有也。'汤曰:'否。昔大帝作道,明教士民。今君王灭道残政,士民惑矣,吾为王明之。'士民复致于桀,曰:'以薄之君,济民之残,何必君更?'桀与其属五百人南徙千里,止于不齐,不齐士民往奔汤于中野。桀复请汤,言:'君之有也。'汤曰:'否。我为君王明之,士民复重请之。'桀与其属五百人徙于鲁,鲁士民复奔汤。桀又曰:'国君之有也,吾则外。人有言,彼以吾道是邪,我将为之。'汤曰:'此君王之士也,君王之民也,委之何?'汤不能止桀。汤曰:'欲从者从君。'桀与其属五百人去居南巢。"①

以上记载表明夏朝灭亡后,商汤将夏桀流放到郊外,当地老百姓不愿意受桀的统治,纷纷逃往商汤之处,最后没有办法,让夏桀带部下五百人居住在南巢。郑杰祥以为"巢"通"焦",夏桀流放地点应该在陕州,今三门峡附近②。有南巢就应该有北巢,北巢的地址,应该在高梁邑(今临汾北郊)附近,《水经注·汾水》记载:"西南过高梁邑西,黑水出黑山,西径杨城南,又西与巢山水会。《山海经》曰:牛首之山,劳水出焉,西流注于潏水,疑是水也。潏水,即巢山之水也。水源东南出巢山东谷,北径浮山东,又西北流与劳水合,乱流西北径高梁城北,西流入于汾水。汾水又南径高梁故城西,故高梁之墟也。"③北巢既然在临汾附近,南巢应该距此地不远,考虑到要对夏桀进行监视,又要给商汤塑造一个好形象,夏桀流放之地距离安邑不远,流放到焦的可能性比较大。因为在此地东边是商朝的势力范围,夏桀向东发展是不可能的;西边过黄河是商朝同盟力量有莘氏,有莘氏监视夏桀及其残部,防止夏桀朝关中逃窜,与周人及其他夏朝遗民会合。

夏朝遗民除了向北迁徙,还多向西北迁徙。其主要原因有二:一是与夏朝有密切关系的周人在夏朝中期就迁徙到关中地区,二是夏朝主要的支持者昆吾族群母族鬼方族在西北。

逃亡关中的夏朝遗民主要有四岳之后的姜氏部落。四岳是辅佐尧舜的部落,又辅佐大禹治水。《史记·夏本纪》记载:"当帝尧之时,鸿水

---

① 朱右曾.逸周书集训校释[M].上海:商务印书馆,1940:146.
② 郑杰祥.新石器文化与夏代文明[M].南京:凤凰出版社,2005:573.
③ 郦道元,原注.水经注[M].陈桥驿,注释.杭州:浙江古籍出版社,2001:95.

滔天,浩浩怀山襄陵,下民其忧。尧求能治水者,群臣四岳皆曰鲧可。尧曰:'鲧为人负命毁族,不可。'四岳曰:'等之未有贤于鲧者,愿帝试之。'于是尧听四岳,用鲧治水。九年而水不息,功用不成。于是帝尧乃求人,更得舜。"①又《尚书·虞书·尧典》记载:"帝曰:'咨! 四岳。朕在位七十载,汝能庸命巽朕位?'岳曰:'否德忝帝位。'"②

四岳是共工氏后裔,《国语·周语下》记载:"昔共工弃此道也,虞于湛乐,淫失其身,欲壅防百川,堕高堙庳,以害天下。皇天弗福,庶民弗助,祸乱并兴,共工用灭。其在有虞,有崇伯鲧,播其淫心,称遂共工之过,尧用殛之于羽山。其后伯禹念前之非度,厘改制量,象物天地,比类百则,仪之于民,而度之于群生,共之从孙四岳佐之,高高下下,疏川导滞,锺水丰物,封崇九山,决汨九川,陂鄣九泽,丰殖九薮,汨越九原,宅居九隩,合通四海。故天无伏阴,地无散阳,水无沈气,火无灾燀,神无间行,民无淫心,时无逆数,物无害生。帅象禹之功,度之于轨仪,莫非嘉绩,克厌帝心。皇天嘉之,祚以天下,赐姓曰'姒'、氏曰'有夏',谓其能以嘉祉殷富生物也。祚四岳国,命以侯伯,赐姓曰'姜'、氏曰'有吕',谓其能为禹股肱心膂,以养物丰民人也。"③

共工氏为炎帝之后,《国语·晋语四》记载:"凡黄帝之子,二十五宗,其得姓者十四人为十二姓。姬、酉、祁、己、滕、箴、任、荀、僖、姞、儇、依是也。唯青阳与苍林氏同于黄帝,故皆为姬姓。同德之难也如是。昔少典娶于有蟜氏,生黄帝、炎帝。黄帝以姬水成,炎帝以姜水成。成而异德,故黄帝为姬,炎帝为姜,二帝用师以相济也,异德之故也。"④

"四岳"之"四"古篆文与"大"相似,史书在传抄过程中,将"四"误作"大"。⑤ "大",又通"太"。故四岳即为太岳。《左传·隐公十一年》记载:"夫许,大岳之胤也,天而既厌周德矣,吾其能与许争乎?"⑥《左传·

---

① 司马迁.史记:第1册[M].北京:中华书局,1959:50.
② 尚书[M].王世舜,王翠叶,译注.北京:中华书局,2012:13.
③ 国语[M].上海师范大学古籍整理组,校点.上海:上海古籍出版社,1978:103-104.
④ 国语[M].上海师范大学古籍整理组,校点.上海:上海古籍出版社,1978:356.
⑤ 孙诒让.墨子间诂[M].影印本.北京:中华书局,1978:93.
⑥ 春秋左传集解[M].上海:上海人民出版社,1977:57.

庄公二十二年》记载:"姜,大岳之后也。山岳则配天,物莫能两大。"①又《国语·郑语》记载:"姜,伯夷之后也,嬴,伯翳之后也。伯夷能礼于神以佐尧者也,伯翳能议百物以佐舜者也。其后皆不失祀而未有兴者,周衰其将至矣。"②

姜姓祖先共工氏活动在崇山周边地区,《逸周书·史记》记载:"昔有共工自贤,自以无臣,久空大官,下官交乱,民无所附,唐氏伐之,共工以亡。"③陶唐氏生活的区域在今临汾陶寺一带,所以其讨伐的共工氏,也在今陶寺附近。前面我们讨论过"唐伐西夏",由此可知,夏部落与共工部落都生活在陶寺一带。

《史记·齐太公世家》记载:"太公望吕尚者,东海上人。其先祖尝为四岳,佐禹平水土甚有功。虞夏之际封于吕,或封于申,姓姜氏。夏商之时,申、吕或封枝庶子孙,或为庶人,尚其后苗裔也。本姓姜氏,从其封姓,故曰吕尚。"④姜氏所封之地吕及申,与共工氏活动区域相关,应该在今霍州一带。霍山在上古时期为五岳之一,《尔雅·释山》载"霍山为南岳"⑤。太公之后的姜氏所封地应该在此附近。《读史方舆纪要·山西·平阳府》记载:"吕城,州西三里,故吕乡,晋吕甥邑也。今有吕陂,在州西南十里,亦以吕甥名。隋因置吕州,亦曰吕州城。"⑥"申"的地望不可考,但也应该在霍山附近。

作为夏朝重要的辅助大臣,姜氏的活动也与夏朝的命运相关。随着夏都的迁徙,姜氏也活跃在豫西一带,在夏朝灭亡后,一部分辗转来到关中地区。在嵩山以西的嵩县、栾川、卢氏等地区分布的三里桥文化,与关中地区洛南、商县以及丹凤、商南等地区的文化相接近。郑杰祥先生以为,二者文化大同小异,应该属于同一个文化系统,在关中地区属于"姜戎文化";在豫西地区,三里桥文化为二里头文化所取代。⑦

---

① 春秋左传集解[M].上海:上海人民出版社,1977:180.
② 国语[M].上海师范大学古籍整理组,校点.上海:上海古籍出版社,1978:511-512.
③ 朱右曾.逸周书集训校释[M].上海:商务印书馆,1940:130.
④ 司马迁.史记:第5册[M].北京:中华书局,1959:1477.
⑤ 尔雅[M].管锡华,译注.北京:中华书局,2014:457.
⑥ 顾祖禹.读史方舆纪要[M].贺次君,施和金,点校.北京:中华书局,2005:1924.
⑦ 郑杰祥.论禹、戎禹和九州的关系[J].中原文物,1997(3):101-105,88.

二里头文化三期即商文化,这反映了商人势力的扩张与夏人势力的收缩,夏人中姜姓族群遗民迁徙到关中地区。在关中地区,姜氏族群与原来的姻亲周人族群联合,形成比较稳固的联盟,周人部落母族多出自姜氏族群。《史记·周本纪》记载:"周后稷,名弃。其母有邰氏女,曰姜原。姜原为帝喾元妃。姜原出野,见巨人迹,心忻然说,欲践之,践之而身动如孕者。居期而生子,以为不祥,弃之隘巷,马牛过者皆辟不践;徙置之林中,适会山林多人,迁之;而弃渠中冰上,飞鸟以其翼覆荐之。姜原以为神,遂收养长之。初欲弃之,因名曰弃。"①"古公有长子曰太伯,次曰虞仲。太姜生少子季历。"②后稷,"帝尧闻之,举弃为农师,天下得其利,有功"③。其居住地也应该在晋南一带。只是到了"不窋末年,夏后氏政衰,去稷不务,不窋以失其官而奔戎狄之间"④。周人迁徙到关中地区,是在夏朝中期。故姜氏迁徙到关中后,继续保持与周人的婚姻关系。

姜氏族群中的姜太公,在郁夷县(今属宝鸡)一带活动。《水经注·渭水》记载:"汧水东南历慈山,东南径郁夷县北平阳故城南,《史记》,秦宁公二年徙平阳。徐广曰:故郿之平阳亭也。城北有《汉邠州刺史赵融碑》,灵帝建安元年立。汧水又东流注于渭。渭水之右,磻溪水注之,水出南山兹谷,乘高激流,注于溪中,溪中有泉,谓之兹泉。泉水潭积,自成渊渚,即《吕氏春秋》所谓太公钓兹泉也。今人谓之丸谷,石壁深高,幽隍邃密,林障秀阻,人迹罕交,东南隅有一石室,盖太公所居也。水次平石钓处,即太公垂钓之所也。其投竿跽饵,两膝遗迹犹存,是有磻溪之称也。"⑤《史记·齐太公世家》中记载姜太公为东夷人,是后世的误解。《礼记·檀弓上》记载:"太公封于营丘,比及五世,皆反葬于周。君子曰:'乐,乐其所自生。礼,不忘其本。'古之人有言曰:'狐死正丘首'仁也。'"⑥可见姜太公部族应该生活在关中地区。

---

① 司马迁.史记:第1册[M].北京:中华书局,1959:111.
② 司马迁.史记:第1册[M].北京:中华书局,1959:115.
③ 司马迁.史记:第1册[M].北京:中华书局,1959:112.
④ 司马迁.史记:第1册[M].北京:中华书局,1959:112.
⑤ 郦道元.原注.水经注[M].陈桥驿,注释.杭州:浙江古籍出版社,2001:284.
⑥ 礼记[M].陈澔,注.金晓东,校点.上海:上海古籍出版社,2016:67.

姜氏族群中,由于就居西方,是为姜氏之戎。《左传·襄公十四年》记载:"将执戎子驹支。范宣子亲数诸朝,曰:'来!姜戎氏,昔秦人迫逐乃祖吾离于瓜州,乃祖吾离被苫盖,蒙荆棘,以来归我先君。我先君惠公有不腆之田,与女剖分而食之……'对曰:'昔秦人负恃其众,贪于土地,逐我诸戎。惠公蠲其大德,谓我诸戎是四岳之裔胄也,毋是翦弃。赐我南鄙之田,狐狸所居,豺狼所嗥。我诸戎除翦其荆棘,驱其狐狸豺狼,以为先君不侵不叛之臣,至于今不贰。'"①"姜姓之戎"居住的瓜州,在今秦岭高峰之南北坡地②。

与夏族关系比较亲密的族群之中还有分化为允姓之戎者,一度居住在关中地区。《左传·昭公九年》记载:"先王居梼杌于四裔,以御螭魅,故允姓之奸,居于瓜州。伯父惠公归自秦,而诱以来,使逼我诸姬,入我郊甸,则戎焉取之。戎有中国,谁之咎也?"③"允姓之奸"即"允姓之戎",杜预以为"允姓,阴戎之祖,与三苗俱放三危者"④。"允姓之戎"与梼杌关系亲密。梼杌,《左传·文公十八年》记载:"昔帝鸿氏有不才子,掩义隐贼,好行凶德,丑类恶物,顽嚚不友,是与比周,天下之民谓之'浑敦'。少皞氏有不才子,毁信废忠,崇饰恶言,靖谮庸回,服谗蒐慝,以诬盛德,天下之民谓之'穷奇'。颛顼有不才子,不可教训,不知话言,告之则顽,舍之则嚚,傲很明德,以乱天常,天下之民谓之'梼杌'。此三族也,世济其凶,增其恶名,以至于尧,尧不能去。缙云氏有不才子,贪于饮食,冒于货贿,侵欲崇侈,不可盈厌,聚敛积实,不知纪极,不分孤寡,不恤穷匮,天下之民以比三凶,谓之'饕餮'。舜臣尧,宾于四门,流四凶族浑敦、穷奇、梼杌、饕餮,投诸四裔,以御魑魅。是以尧崩而天下如一,同心戴舜以为天子,以其举十六相,去四凶也。"⑤而"四凶",《尚书·虞书·尧典》记载:"流共工于幽州,放驩兜于崇山,窜三苗于三危,殛鲧于羽山,四罪而天下咸服。"⑥《史记·五帝本纪》"正义"记载:"欢

---

① 春秋左传集解[M].上海:上海人民出版社,1977:902.
② 顾颉刚.史林杂识:初编[M].北京:中华书局,1963:46-53.
③ 春秋左传集解[M].上海:上海人民出版社,1977:1320.
④ 春秋左传集解[M].上海:上海人民出版社,1977:1322.
⑤ 春秋左传集解[M].上海:上海人民出版社,1977:523.
⑥ 尚书[M].王世舜,王翠叶,译注.北京:中华书局,2012:21.

兜,浑沌也。共工,穷奇也。鲧,梼杌也。三苗,饕餮也。"①由此可见,梼杌,即禹之父鲧;梼杌被放于东夷,与三苗一起流放于三危地区的,应该是支持梼杌的族群,"允姓之戎",出自鲧支持者的后裔。

三危,《太平御览·地部·三危山》引《河图括地象》记载:"三危山,在鸟鼠之西,南与汶山相接,上为天苑星,黑水出其南。"②鸟鼠山,《水经注·渭水》记载:"渭水出陇西首阳县渭谷亭南鸟鼠山,渭水出首阳县首阳山渭首亭南谷,山在鸟鼠山西北。此县有高城岭,岭上有城,号渭源城,渭水出焉。三源合注,东北流径首阳县西与别源合,水南出鸟鼠山渭水谷,《尚书·禹贡》所谓渭出鸟鼠者也。《地说》曰:鸟鼠山,同穴之枝干也。渭水出其中,东北过同穴枝间,既言其过,明非一山也。"③可知鸟鼠山在今甘肃渭源一带,而三危山在鸟鼠山之西,与汶山相对,也在今甘肃渭源一带。即"允姓之戎"居住的瓜州,在今甘肃渭源一带,秦国引诱其到关中;后来又迁徙伊川一带。《左传·僖公二十二年》记载:"初,平王之东迁也,辛有适伊川,见被发而祭于野者,曰:'不及百年,此其戎乎!其礼先亡矣。'秋,秦、晋迁陆浑之戎于伊川。"④杜预注:"允姓之戎居陆浑,在秦、晋西北。二国诱而徙之伊川。"⑤

晋惠公迁允姓戎,主要是允姓之戎与晋国之间存在婚姻关系。《左传·庄公二十八年》记载:"晋献公娶于贾,无子。烝于齐姜,生秦穆夫人及大子申生。又娶二女于戎,大戎狐姬生重耳,小戎子生夷吾。"⑥杜预以为:"小戎,允姓之戎。"⑦小戎是来自允姓之戎的女子,所生之子夷吾即为晋惠公。晋与戎人之间长期存在婚姻关系,《左传·成公十三年》记载:"白狄及君同州,君之仇雠,而我之昏姻也。"⑧《史记·匈奴列传》记载:"晋文公攘戎翟,居于河西圁、洛之间,号曰赤翟、白翟。"⑨对

---

① 司马迁.史记:第1册[M].北京:中华书局,1959:28.
② 李昉,等.太平御览[M].北京:中华书局,1960:244.
③ 郦道元,原注.水经注[M].陈桥驿,注释.杭州:浙江古籍出版社,2001:275.
④ 春秋左传集解[M].上海:上海人民出版社,1977:323-324.
⑤ 春秋左传集解[M].上海:上海人民出版社,1977:324.
⑥ 春秋左传集解[M].上海:上海人民出版社,1977:198.
⑦ 春秋左传集解[M].上海:上海人民出版社,1977:198.
⑧ 春秋左传集解[M].上海:上海人民出版社,1977:724.
⑨ 司马迁.史记:第9册[M].北京:中华书局,1959:2883.

应的"正义"引《括地志》记载:"延州、绥州、银州,本春秋时白狄所居。"①可见晋国与白狄之间存在婚姻关系。

关于允姓之族,王献唐先生指出,"允"的读音,有三种。一读为"以",《说文解字》记载:"允,信也。从儿,㠯声。"②一读为今音余准切的"允"。一读为"沿"。这三种读法,只是一音之转,为不同时间与地域发生的变化。"允"的字形,周代的金文、石鼓文以及虢季子白盘等都从目从人,与商代甲骨卜辞中的字形一致。"允"字在武丁时期卜辞中出现得最多,可见至少在武丁时期,"允"字已经产生。"允"字,专为允部落所造;这个部落比较强大,所以要专门为这个部落造一个字,如同为"羌""鬼"等族群专门造字一样。"羌""鬼"以及"允"的字从人,不分男女,如果为女,则单独造字为"羌""媿"和"姒"。这些羌族、鬼族以及允族女子所生之子为姜、媿和姒。因此,夏家的"姒"姓,出自"允"家女子。③ 夏朝祖先的记载,与商周很不一样,商朝的祖先记载是"三人行浴,见玄鸟堕其卵,简狄取吞之,因孕生契"④,周人的祖先则是"姜原出野,见巨人迹,心忻然说,欲践之,践之而身动如孕者。居期而生子,以为不祥,弃之隘巷,马牛过者皆辟不践;徙置之林中,适会山林多人,迁之;而弃渠中冰上,飞鸟以其翼覆荐之。姜原以为神,遂收养长之"⑤。商人与周人都是知母不知父。夏人的祖先记载很少。关于禹出生的传说,《史记·夏本纪》"正义"引《帝王纪》记载:"父鲧妻修己,见流星贯昴,梦接意感,又吞神珠薏苡,胸坼而生禹。名文命,字密,身九尺二寸长,本西夷人也。"⑥《世本》则记载:"鲧取有辛氏女,谓之女志,是生高密。"⑦可见夏朝人在鲧时期进入到父系。但"姒"姓表明其来自母族。从这种意义上来说,允姓与姒姓血缘比较近,在母系氏族时代,由于女性占主导地位,因此允姓与允姓女子所生之子姒姓,都可以视为同一个

---

① 司马迁.史记:第9册[M].北京:中华书局,1959:2883.
② 说文解字[M].汤可敬,译注.北京:中华书局,2018:1745.
③ 王献唐.山东古国考[M].青岛:青岛出版社,2007:137-141.
④ 司马迁.史记:第1册[M].北京:中华书局,1959:91.
⑤ 司马迁.史记:第1册[M].北京:中华书局,1959:111.
⑥ 司马迁.史记:第1册[M].北京:中华书局,1959:49.
⑦ 秦嘉谟,等.世本八种[M].宋衷,注.上海:商务印书馆,1957:7.

族群,均为夏族族群。这也是流放鲧时,也要将鲧集团其他族群流放的原因。

由于夏朝遗民大量存在于关中平原,夏文化在此关中得以保存。《诗经·大雅·公刘》记载:"笃公刘,于胥斯原。既庶既繁,既顺乃宣,而无永叹。陟则在巘,复降在原。何以舟之?维玉及瑶,鞞琫容刀。"①《诗经·大雅·绵》记载:"古公亶父,来朝走马。率西水浒,至于岐下。爰及姜女,聿来胥宇。"②丁山以为,胥与夏互通,是夏人在此活动的证据。《左传·襄公二十九年》记载:"吴公子札来聘,见叔孙穆子,说之……为之歌《秦》,曰:'此之谓夏声。夫能夏则大,大之至也,其周之旧乎?'"③丁山以为丰、镐、汧、渭之间,为夏后遗民活动旧地④。

由于夏朝遗民逐渐向西北移动,将族群记忆与传说也带到了西北地区。汉代在甘肃设置有大夏县以及当地有大禹的传说,反映了夏遗民向西北的移动,此外,还出现了大禹源于西羌的传说。《史记·六国年表》记载:"故禹兴于西羌。"⑤而《后汉书·逸民列传·戴良》中记载戴良说:"我若仲尼长东鲁,大禹出西羌,独步天下,谁与为偶!"⑥《后汉书·西羌传》记载:"西羌之本,出自三苗,姜姓之别也。其国近南岳。及舜流四凶,徙之三危,河关之西南羌地是也。"⑦《山海经·大荒西经》记载:"有人无首,操戈盾立,名曰夏耕之尸。故成汤伐夏桀于章山,克之,斩耕厥前。耕既立,无首,走厥咎,乃降于巫山……西南海之外,赤水之南,流沙之西,有人珥两青蛇,乘两龙,名曰夏后开。开上三嫔于天,得《九辩》与《九歌》以下。"⑧"有人无首,操戈盾立,名曰夏耕之尸",这种形象为古代形天形象,故有学者认为,古代形天神话与商汤伐夏桀

---

① 诗经[M].王秀梅,译注.北京:中华书局,2015:645.
② 诗经[M].王秀梅,译注.北京:中华书局,2015:588.
③ 春秋左传集解[M].上海:上海人民出版社,1977:1120-1121.
④ 丁山.古代神话与民族[M].北京:商务印书馆,2005:8-9.
⑤ 司马迁.史记:第2册[M].北京:中华书局,1959:686.
⑥ 范晔.后汉书:第10册[M].李贤,等.北京:中华书局,1965:2773.
⑦ 范晔.后汉书:第10册[M].李贤,等.北京:中华书局,1965:2869.
⑧ 山海经译注[M].陈成,译注.上海:上海古籍出版社,2014:353-355.

有关①。形天神话流行于甘肃仇池山一带②。这反映了夏朝遗民将与夏桀有关的传说传到了西北地区。

  汉代人的历史记忆中,西北存在大夏活动的记载。贾谊《新书·修政语上》记载:"是故尧教化及雕题、蜀、越,抚交趾,身涉流沙,地封独山,西见王母,训及大夏、渠叟。"③大夏在渠搜之东。渠搜,扬雄《解嘲》记载:"今大汉左东海,右渠搜,前番禺,后椒涂。"④《汉书·武帝纪》记载:"周之成康,刑错不用,德及鸟兽,教通四海。海外肃慎,北发渠搜,氐羌徕服。星辰不孛,日月不蚀,山陵不崩,川谷不塞;麟凤在郊薮,河洛出图书。"⑤应劭以为:"渠搜属雍州,在金城河关之西,西戎也。"⑥河关县,《水经注·河水》记载:"又东过陇西河关县北,洮水从东南来流注之。河水右径沙州北。段国曰:浇河西南百七十里有黄沙,沙南北百二十里,东西七十里,西极大杨川。望黄沙,犹若人委干糒于地,都不生草木,荡然黄沙,周回数百里,沙州于是取号焉。《地理志》曰:汉宣帝神爵二年,置河关县,盖取河之关塞也。"⑦河关县在今甘肃积石山,大夏在其东,即在今甘肃临夏一带,也就是汉代大夏县附近。贾谊在《惜誓》中说:"驰骛于杳冥之中兮,休息乎昆仑之墟。乐穷极而不厌兮,愿从容乎神明;涉丹水而驼骋兮,右大夏之遗风。"⑧"大夏之遗风"在昆仑之墟附近,则大夏或许西至今新疆东天山附近。

---

  ① 吴晓东.形天神话即成汤伐夏桀考[J].长江大学学报(社会科学版),2007,30(6):16-20.
  ② 赵逵夫.形天神话源于仇池山考释:兼论"奇股国"、氐族地望及"武都"地名的由来[J].河北师范大学学报(哲学社会科学版),2002,25(4):43-49.
  ③ 贾谊.新书校注[M].阎振益,钟夏,校注.北京:中华书局,2000:360.
  ④ 曾国藩,纂.乔继堂,编.经史百家杂钞:上下册[M].上海:上海科学技术文献出版社,2020:176.
  ⑤ 班固.汉书:第1册[M].颜师古,注.北京:中华书局,1962:160.
  ⑥ 班固.汉书:第1册[M].颜师古,注.北京:中华书局,1962:161.
  ⑦ 郦道元,原注.水经注[M].陈桥驿,注释.杭州:浙江古籍出版社,2001:23.
  ⑧ 贾谊集[M].上海:上海人民出版社,1976:217.

第四章　商朝时期昆吾族群的动向

一　中原地区昆吾族群的情况

夏朝灭亡后,在中原地区的昆吾族群,有的留在了当地。《淮南子·天文训》记载:"日出于旸谷,浴于咸池,拂于扶桑,是谓晨明……至于昆吾,是谓正中。"①正中为昆吾,则反映了昆吾之族有留在中原地区的痕迹。故张衡《思玄赋》也有记载:"痛火正之无怀兮,托山陂以孤魂。愁蔚蔚以慕远兮,越卬州而愉敖。跻日中于昆吾兮,憩炎天之所陶。扬芒燺而绛天兮,水泫沄而涌涛。"②

昆吾部族也有南迁。《淮南子·地形训》记载:"和丘在其东北陬,三桑、无枝在其西,夸父、耽耳在其北方。夸父弃其策,是为邓林。昆吾丘在南方,轩辕丘在西方,巫咸在其北方。立登保之山,旸谷、榑桑在东方。有娀在不周之北,长女简翟,少女建疵。"③《拾遗记·昆吾山》记载:"至越王句践,使工人以白马白牛祠昆吾之神,采金铸之,以成八剑之精。"④此则反映昆吾族群迁徙至南方的情形。

---

① 淮南子[M].许慎,注.陈广忠,校点.上海:上海古籍出版社,2016:68.
② 班固.汉书:第7册[M].颜师古,注.北京:中华书局,1962:1921.
③ 淮南子[M].许慎,注.陈广忠,校点.上海:上海古籍出版社,2016:94.
④ 王嘉.拾遗记[M].萧绮,录.齐治平,校注.北京:中华书局,1981:233.

在中原地区,部分昆吾后裔发展成为戎族,成为己氏之戎。将夏朝遗民称为戎,是姬姓族群对夏族群的蔑视。"己氏之戎"最早见于《左传·哀公十七年》中的相关记载:"初,公登城以望,见戎州。问之,以告。公曰:'我姬姓也,何戎之有焉?'翦之。公使匠久。公欲逐石圃,未及而难作。辛巳,石圃因匠氏攻公,公阖门而请,弗许。逾于北方而队,折股。戎州人攻之,大子疾、公子青逾从公。戎州人杀之。公入于戎州己氏。初,公自城上见己氏之妻发美,使髡之,以为吕姜髢。既入焉,而示之璧,曰:'活我,吾与女璧。'己氏曰:'杀女,璧其焉往?'遂杀之而取其璧。"①

此处的"公"为卫庄公;州是一个行政区划单位,《周礼·地官》记载:"令五家为比,使之相保。五比为闾,使之相受。四闾为族,使之相葬。五族为党,使之相救。五党为州,使之相赒。"②当时一个"州"大概控制的人口为二千五百户,按照五口之家统计,有近万人。可见当地己氏之戎人口众多。

由于己氏之戎后裔多,影响比较大,西汉在当地设置有"己氏县"。③ 在今山东曹县东南,即濮阳北。《水经注·济水》记载:"济渎自济阳县故城南,东径戎城北。《春秋》隐公二年,公会戎于潜。杜预曰:陈留济阳县东南有戎城是也。"④《水经注·泗水》也记载:"水上承大茬陂,东径赀城北,又东径巳(己)氏县故城北,王莽之巳(己)善也。"⑤

早在隐公时期,鲁国和附近的戎人关系很好。《左传·隐公二年》记载:"二年春,公会戎于潜,修惠公之好也。戎请盟,公辞……戎请盟。秋,盟于唐,复修戎好也。"⑥潜,在今山东济宁一带。唐,在今山东鱼台一带。又《左传·隐公七年》记载:"初,戎朝于周,发币于公卿,凡伯弗宾。冬,王使凡伯来聘。还,戎伐之于楚丘以归。"⑦凡,即今河南卫辉。

---

① 春秋左传集解[M].上海:上海人民出版社,1977:1831-1832.
② 周礼[M].徐正英,常佩雨,译注.北京:中华书局,2014:227.
③ 侯甬坚.西汉梁国己氏县名校正[J].大陆杂志(台北),1997,94(2):47-48.
④ 郦道元,原注.水经注[M].陈桥驿,注释.杭州:浙江古籍出版社,2001:119.
⑤ 春秋左传集解[M].上海:上海人民出版社,1977:402.
⑥ 春秋左传集解[M].上海:上海人民出版社,1977:15-16.
⑦ 春秋左传集解[M].上海:上海人民出版社,1977:42.

楚丘，在今山东曹县附近。

此后，这部分戎人与周边诸侯国交恶。《左传·隐公九年》记载："北戎侵郑，郑伯御之。患戎师，曰：'彼徒我车，惧其侵轶我也。'公子突曰：'使勇而无刚者尝寇，而速去之。君为三覆以待之。戎轻而不整，贪而无亲，胜不相让，败不相救。先者见获必务进，进而遇覆必速奔，后者不救，则无继矣。乃可以逞。'从之。戎人之前遇覆者奔。祝聃逐之。衷戎师，前后击之，尽殪。戎师大奔。十一月甲寅，郑人大败戎师。"①此处记载表明，戎人是步兵作战；戎人在郑国北部，因此应该是己姓之戎。

己姓之戎的来历，《太平寰宇记·河南道·宋州·楚丘》记载："古之戎州，即己氏之邑城也。《九州记》云：'己氏本戎君之姓，盖昆吾之后，别居戎翟中。周衰入居中国，故此有己氏之邑焉。'"②《九州记》中记载的"别居戎翟中。周衰入居中国"可能与事实不符合，但透露了己氏之戎与昆吾之间的关系。《路史·后纪七·疏仡纪》引《国都》记载："鲁卫间戎为昆吾之后。"③

己氏之戎长期威胁其居住地周边地区的诸侯。《春秋·庄公二十四年》记载："冬，戎侵曹。曹羁出奔陈。"④《春秋·庄公二十六年》记载："春，公伐戎。夏，公至自伐戎。"⑤这反映了其势力的强大。

春秋后期，己氏之戎所居住的地区又出现了被称为"狄"的族群。《左传·僖公十二年》记载："十二年春，诸侯城卫楚丘之郛，惧狄难也。"⑥《春秋·僖公十三年》记载："十有三年春，狄侵卫。"⑦僖公十四年，"狄侵郑"⑧。《左传·文公十年》记载："冬，狄侵宋。"⑨侵略宋、郑、鲁的部分狄人，其活动区域与己姓之戎活动区域重叠，应该是对二者不

---

① 春秋左传集解[M].上海：上海人民出版社，1977：50.
② 乐史.太平寰宇记[M].王文楚，等点校.北京：中华书局，2007：222.
③ 罗泌.路史[M].清文渊阁四库全书本.
④ 春秋左传集解[M].上海：上海人民出版社，1977：187-188.
⑤ 春秋左传集解[M].上海：上海人民出版社，1977：193.
⑥ 春秋左传集解[M].上海：上海人民出版社，1977：280.
⑦ 春秋左传集解[M].上海：上海人民出版社，1977：282.
⑧ 春秋左传集解[M].上海：上海人民出版社，1977：285.
⑨ 春秋左传集解[M].上海：上海人民出版社，1977：470.

同的称呼。在狄人中,还有称呼赤狄的。《春秋·宣公三年》记载:"秋,赤狄侵齐。"①《春秋·宣公四年》记载:"夏六月乙酉,郑公子归生弑其君夷。赤狄侵齐。"②此外,《春秋·闵公二年》中还记载:"十有二月,狄入卫。"③《春秋·僖公二十四年》记载:"夏,狄伐郑。"④《春秋·文公七年》记载:"狄侵我西鄙。"⑤钟文烝以为,此三处的狄人都是赤狄。另外,《左传·文公十一年》记载:"鄋瞒侵齐。遂伐我。公卜使叔孙得臣追之,吉。侯叔夏御庄叔,绵房甥为右,富父终甥驷乘。冬十月甲午,败狄于咸,获长狄侨如……初,宋武公之世,鄋瞒伐宋,司徒皇父帅师御之,耏班御皇父充石,公子谷甥为右,司寇牛父驷乘,以败狄于长丘,获长狄缘斯,皇父之二子死焉。宋公于是以门赏耏班,使食其征,谓之耏门。晋之灭路也,获侨如之弟焚如。齐襄公之二年,鄋瞒伐齐,齐王子成父获其弟荣如,埋其首于周首之北门。卫人获其季弟简如,鄋瞒由是遂亡。"⑥此处的长狄是居住在晋东南的赤狄成员⑦。但这种说法也存在问题,如果是晋东南的赤狄,则距离商丘过远,故所谓的长狄是在当地也存在的族群。赤狄,为隗姓。《国语·周语中》记载:"狄,隗姓也。"⑧又《左传·僖公二十四年》记载:"王德狄人,将以其女为后。富辰谏曰:'不可。臣闻之曰:"报者倦矣,施者未厌。"狄固贪婪,王又启之,女德无极,妇怨无终,狄必为患。'王又弗听。初,甘昭公有宠于惠后,惠后将立之,未及而卒。昭公奔齐,王复之。又通于隗氏。王替隗氏,颓叔、桃子曰:'我实使狄,狄其怨我。'遂奉大叔,以狄师攻王。王御士将御之。王曰:'先后其谓我何?宁使诸侯图之。'王遂出。及坎欿,国人纳之。秋,颓叔、桃子奉大叔,以狄师伐周,大败周师,获周公忌父、原伯、毛伯、富辰。王出适郑,处于氾。大叔以隗氏居于温。"⑨杜预注:

---

① 春秋左传集解[M].上海:上海人民出版社,1977:545.
② 春秋左传集解[M].上海:上海人民出版社,1977:550.
③ 春秋左传集解[M].上海:上海人民出版社,1977:219.
④ 春秋左传集解[M].上海:上海人民出版社,1977:338.
⑤ 春秋左传集解[M].上海:上海人民出版社,1977:453.
⑥ 春秋左传集解[M].上海:上海人民出版社,1977:476-477.
⑦ 沈长云."长狄"解[J].中国史研究,2004(4):15-22.
⑧ 国语[M].上海师范大学古籍整理组,校点.上海:上海古籍出版社,1978:50.
⑨ 春秋左传集解[M].上海:上海人民出版社,1977:345-346.

"隗氏，王所立狄后。"①隗氏为赤狄，又以当时赤狄所居住的范围来看，赤狄就是己氏之戎的后裔。

此外，己姓中三峻后裔，也有居住在鲁地附近的。《左传·襄公十九年》记载："齐侯娶于鲁，曰颜懿姬，无子。其侄鬷声姬生光，以为大子。诸子：仲子、戎子。戎子嬖。仲子生牙，属诸戎子。戎子请以为大子。许之。"②杜预以为："兄子曰侄。颜、鬷皆二姬母姓，因以为号。懿、声皆谥。"③先秦时期，诸子以母氏为号比较常见，则峻氏后裔春秋时期活动在鲁国一带。

春秋时期的有所谓的己姓莒国，杜预《春秋释例·世族谱》中对"莒"的注解为："莒国嬴姓，少昊之后。周武王封兹舆期于莒，初都计，后徙莒，今城阳莒县是也。《世本》自纪公以下为己姓，不知谁赐之姓者，十一世兹平公方见《春秋》。"④《左传·文公七年》记载："穆伯娶于莒，曰戴己，生文伯，其娣声己生惠叔。戴己卒，又聘于莒，莒人以声己辞，则为襄仲聘焉。"⑤又《左传·文公八年》记载："穆伯如周吊丧，不至，以币奔莒，从己氏焉。"⑥此己氏之国，张富祥以为可能与子姓"己"有关，在商代族徽中有大量与"己"有关的族徽⑦。但王蕴智先生认为，"己"有关的族徽其实是"其"族徽，"其"更多的时候则是写作"異"字。"異"字从其己声，是个形声字，它亦乃古箕字的一个异文。"異"这个字古音仍读如"其"和"箕"字，同为见系之部字，且通于古训。总的说来，殷商箕族本是从王族子姓成员中分化出来而别立徽帜的一支。⑧ 己姓可能与纪国相关，"纪"在春秋金文中常作"己"，出土器物中有"己侯钟"。己姓莒国可能与其母系来自纪国有关，与昆吾族群无关。

---

① 春秋左传集解[M].上海：上海人民出版社，1977：349.
② 春秋左传集解[M].上海：上海人民出版社，1977：955.
③ 春秋左传集解[M].上海：上海人民出版社，1977：956.
④ 杜预.春秋释例[M].清武英殿聚珍版丛书本.
⑤ 春秋左传集解[M].上海：上海人民出版社，1977：459.
⑥ 春秋左传集解[M].上海：上海人民出版社，1977：463.
⑦ 张富祥.莒国族姓考辨[J].烟台大学学报(哲学社会科学版)，2015，28(2)：110-115.
⑧ 王蕴智.殷商箕族渊源考订[M]//郑州大学历史研究所.高敏先生七十华诞纪念文集.郑州：中州古籍出版社，2001：64-78.

二　昆吾遗民对晋南商势力的骚扰

晋南地区有丰富的盐资源和铜资源，在国家产生阶段，是各种族群争夺的重点区域。商朝建立之后，在夏人活动的中心区域晋南建立了两个比较重要的据点，即垣曲商城与东下冯商城。

垣曲商城建立在夏代晚期垣曲古城南关一带的回字形的环壕聚落基础之上；商人占领晋南之后，在此基础上扩展成为城堡状态的聚落。① 垣曲商城建立的主要目的是控制此处的铜矿资源，因此商人在建设垣曲商城时对城址的具体位置和城墙加固以及城门的屏蔽上采取了巧妙的设计，以达到加强城池的坚固性，致使垣曲商城易守难攻。通过分析铜渣的铅同位素，可以发现垣曲商城的铜矿主要是来自城市1万米之外的中条山铜矿区。② 垣曲商城建立在黄河岸边，建立之初就受到水患的困扰，持续了近200年，在距今3000年左右终因水患严重而被放弃。③

东下冯遗址在今夏县埝掌镇东下冯村青龙河两岸的台地上，遗址可分六期，第一期到第六期基本上是一脉相承的。其中除第一期和第二期之间有缺环，第四期还可进一步细分之外，余皆紧密相接。一般认为东下冯遗址第一至四期为夏文化范畴，第五至六期为商文化范畴④。东下冯遗址发现有商文化时期的城址，城址南部呈曲尺状，城墙保存较好，城外还有环城护城壕。商文化时期城墙等遗迹的发现，显示出东下

---

① 董琦.垣曲商城遗址始建年代研究[J].中原文物,1997(2):39-44.
② 佟伟华.垣曲商城与中条山铜矿资源[M]//北京大学考古文博学院,北京大学中国考古学研究中心.考古学研究(九):庆祝严文明先生八十寿辰论文集.北京:文物出版社,2012:346-361.
③ 佟伟华.垣曲商城兴衰始末[M]//北京大学考古文博学院,北京大学中国考古学研究中心.考古学研究(十):庆祝李仰松先生八十寿辰论文集.北京:文物出版社,2012:446-454.
④ 王建华.东下冯遗址与夏商文化分界[J].殷都学刊,2006(4):17-22.

冯遗址具有的特殊意义。在城的西南角发现有圆形建筑基址,已经确知的有20座。从粗略钻探的结果看,这个建筑群至少有7排,每排6座或7座,总数大概有40至50座之多。这些圆形建筑平面形状都是圆形,直径在8.5—9.5米,高出地面约30—50厘米。地下约有20厘米。此外,每座基址的中心都有一个直径1.2米左右的圆形圆底的埋柱坑,坑的中央有一个较大的柱子洞,柱洞直径0.2—0.3米,深约0.8米。基址面有"十"字形或略呈"十"字形的埋柱沟槽,槽宽50—60厘米,深20厘米左右。"十"字形柱槽的交叉点即为大柱子洞的所在。以大柱子洞为中心将整个柱槽一分为四。每条柱槽的现存柱洞数目不等,最多4个,最少1个,没有柱洞的极少。每座基址的周边,有比较密集的小柱洞,小柱洞的数目不等,一般有30—40个,洞径9—15厘米,间距多数在85厘米左右,最窄的50厘米,最宽的100厘米。对于这些圆形建筑遗址的功能,起初认为是用来储藏粮食的。[①] 但最近的研究表明,东下冯遗址圆形建筑地面层土壤中钠离子、钙离子、氯离子、硫酸根离子浓度与生土层的离子浓度有明显差别,与现代盐池地表土壤样品分析结果基本一致。而且,这些离子同样也富含于现代卤水中。现代食盐在土壤中的溶解与渗透实验结果表明,食盐在土壤表面溶解后,其钠元素含量从上到下是逐渐降低的;东下冯遗址圆形建筑房基面上下横向采集的两行土壤样品的测试结果,同样也是上层土壤中钠元素含量高,下层的含量低,二者的结果基本一致。因此,我们有理由相信,东下冯遗址圆形建筑很可能储存过盐类。[②] 通过推算,这些圆形建筑所能储藏的盐为12075吨,至少是当时盐池一年盐的产量[③]。东下冯遗址也发现了冶铸痕迹。

有学者认为东下冯和垣曲商城反映了夏商时期对自然资源的控

[①] 程平山,周军.东下冯商城内圆形建筑基址性质略析[J].中原文物,1998(1):73-76.

[②] 赵春燕,陈星灿,刘莉.东下冯遗址圆形建筑土壤的化学成分分析[M]//刘庆柱.考古学集刊:18.北京:科学出版社,2010:543-548.

[③] 陈星灿,刘莉,赵春燕.解盐与中国早期国家的形成[M]//李水城,罗泰.中国盐业考古:第2集:国际视野下的比较观察.北京:科学出版社,2010:42-65.

制①。垣曲商城和东下冯商城虽然反映了商人对晋南的经营②,但实际上反映了当时夏族与商族对晋南资源的争夺③。在早期争夺之中,夏朝遗民还占据某种优势,以至于商朝采取守势。到商朝中后期,商朝对晋南重点经营,商文化一度推进到长治、屯留等晋东南地区。到了晚商时期,商文化在晋南发现很少,反映了商文化在晋南的收缩与其他文化在晋南的扩张。④

商人在晋南受到夏朝遗民的挑战,比较有名的部落有龙方、土方、舌方以及羌等。

(一) 龙方

龙方在甲骨文常见记载:

(1) 贞王㞢龙方伐。〔一〕(《合集》6476)

(2) 王勿隹龙方伐。一(《合集》6476)

(3) 王㞢龙方伐。五(《合集》6583)

(4) 勿隹龙方伐。五(《合集》6583)

(5) 甲辰卜,㞢帚妌伐龙𢦒□。一(《合集》6584)

(6) 贞勿乎帚妌伐龙方。(《合集》6585 正)

(7) 贞……𢦒……龙〔方〕。(《合集》6586)

(8) 乎自〔般〕取龙。(《合集》6587)

(9) 贞〔乎自〕般取龙。(《合集》6588)

(10) 贞乎取龙白。(《合集》6589 正)

(11) 己酉卜,殻,〔贞〕令般取龙〔白〕。二(《合集》6590)

(12) ……龙。(《合集》6591)

(13) ……乎(取)龙。(《合集》6591)

(14) 贞,龙云。(《合集》6592)

---

① 刘莉,陈星灿.城:夏商时期对自然资源的控制问题[J].东南文化,2000(3):45-60.

② 周书灿.早商时期经营四土之考古学新证[J].考古与文物,2011(1):36-42.

③ 程峰.夏商文化冲突的产物:东下冯、垣曲、府城商城比较研究[J].华夏考古,2005(4):71-77.

④ 周书灿.商代对晋南地区的经营[J].晋阳学刊,2008(6):79-83.

(15) 癸丑卜,贞雷往追龙从朱西。一(《合集》6593)

(16) 癸丑卜,贞雷往追龙从朱西。二(《合集》6594)

(17) □戌卜,㱿,贞吴𢦔羌龙。(《合集》6630 正)

(18) 贞吴𢦔羌龙。十三月。(《合集》6631)

(19) 贞吴弗其𢦔羌龙。二(《合集》6634)

(20) 贞吴吊羌龙。(《合集》6635)

(21) 丙辰卜,㱿,贞吴吊羌龙。(《合集》6636 正)

(22) 〔贞〕吴弗其吊羌〔龙〕。(《合集》6637 正)

(23) ……羌龙。(《合集》6638)

(24) 贞龙亡囧。(《合集》6664 反)

(25) 贞〔龙亡〕不若,不拳羌。一(《合集》506 正)

(26) 贞龙亡不若,不拳〔羌〕。二(《合集》506 正)

(27) 龙其拳。一 二告(《合集》506 正)

(28) 贞龙方氐羌,自上甲王用至于下乙,若。(《合集》271 反)

(29) 贞乎龙氐羌。(《合集》272 反)

(30) 勿乎龙氐羌。(《合集》272 反)

(31) 贞龙来氏。(《合集》9076)

(32) 己卯,贞令雷㠯众伐龙𢦔。(《合集》31972)

龙人的分布比较广,在今山东就有其分布的痕迹。① 但龙人的来历,与夏朝时期的豢龙氏相关②。豢龙氏来源有两支:一支源于己姓董氏的豢龙氏,其活动区域在晋南闻喜一带。另一支源于姬姓刘氏,《左传·昭公二十九年》记载:"及有夏孔甲,扰于有帝。帝赐之乘龙,河、汉各二,各有雌雄,孔甲不能食,而未获豢龙氏。有陶唐氏既衰,其后有刘累,学扰龙于豢龙氏,以事孔甲,能饮食之。夏后嘉之,赐氏曰御龙,以更豕韦之后。龙一雌死,潜醢以食夏后。夏后飨之,既而使求之。惧而迁于鲁县,范氏其后也。"③《左传·襄公二十四年》记载,范宣子说:"昔匄之祖,自虞以上,为陶唐氏,在夏为御龙氏,在商为豕韦氏,在周为唐、

---

① 陈絜.卜辞中的禜祭与柴地[J].中原文化研究,2018(2):89-96.
② 彭邦炯.卜辞所见龙人及相关国族研究[J].殷都学刊,1996(6):4-12.
③ 春秋左传集解[M].上海:上海人民出版社,1977:1575-1576.

杜氏,晋主夏盟为范氏,其是之谓乎?"①这支龙氏主要活动区域在今河南平顶山鲁山附近。

《左传·成公二年》记载:"二年春,齐侯伐我北鄙,围龙。顷公之嬖人卢蒲就魁门焉,龙人囚之。齐侯曰:'勿杀!吾与而盟,无入而封。'弗听,杀而膊诸城上。齐侯亲鼓士陵城,三日,取龙,遂南侵及巢丘。"②龙,在今泰安西南;巢丘,在今泰安境内。龙和巢丘的地名也反映出了夏人迁徙到山东的痕迹。

夏人迁徙到山东与夏朝"太康失国"到"少康中兴"之间这段历史有关。《左传·襄公四年》记载:"昔有夏之方衰也,后羿自鉏迁于穷石,因夏民以代夏政。恃其射也,不修民事而淫于原兽。弃武罗、伯因、熊髡、龙圉而用寒浞。寒浞,伯明氏之谗子弟也。伯明后寒弃之,夷羿收之,信而使之,以为己相。浞行媚于内而施赂于外,愚弄其民而虞羿于田,树之诈慝以取其国家,外内咸服。羿犹不悛,将归自田,家众杀而亨之,以食其子。其子不忍食诸,死于穷门。靡奔有鬲氏。浞因羿室,生浇及豷,恃其谗慝诈伪而不德于民。使浇用师,灭斟灌及斟寻氏。处浇于过,处豷于戈。靡自有鬲氏,收二国之烬,以灭浞而立少康。少康灭浇于过,后杼灭豷于戈。有穷由是遂亡,失人故也。"③《左传·哀公元年》记载,伍员以为:"昔有过浇杀斟灌以伐斟鄩,灭夏后相。后缗方娠,逃出自窦,归于有仍,生少康焉,为仍牧正。惎浇,能戒之。浇使椒求之,逃奔有虞,为之庖正,以除其害。虞思于是妻之以二姚,而邑诸纶。有田一成,有众一旅,能布其德,而兆其谋,以收夏众,抚其官职。使女艾谋浇,使季杼诱豷,遂灭过、戈,复禹之绩。祀夏配天,不失旧物。"④

夏朝在山东势力的帮助下复国。夏朝"少康中兴"后,在原有基础上,在今山东一带又大量分封了同姓诸侯,今安丘、诸城、潍县、寿光等地,都有姒姓之国。⑤ 董姓豢龙氏部分迁徙到此地,与分封有关。陈絜以为"癸丑卜,贞甾往追龙从朱西"(《合集》6593、6594)中的龙部族在今

---

① 春秋左传集解[M].上海:上海人民出版社,1977:1011.
② 春秋左传集解[M].上海:上海人民出版社,1977:640.
③ 春秋左传集解[M].上海:上海人民出版社,1977:817-818.
④ 春秋左传集解[M].上海:上海人民出版社,1977:1707.
⑤ 王献唐.山东古国考[M].青岛:青岛出版社,2007:94-99.

山东泰安一带,比较符合夏朝后期在山东分封同姓方国的情况。在今山东一带,也有可能存在羌人活动的情况,甲骨文中记载:"贞王令多羌垦田。"(《合集》33213)羌即羌,垦即垦。这部分羌人是被俘虏的羌人,被迫开垦荒地,其距离安阳不远。所以在山东也有羌人活动,当羌人俘虏众多而压迫严重时,这部分羌人也存在反抗逃跑的可能性。

但羌人是商人用作人牲的较多人群之一,有时甚至其首领也被用作人牲。① 因此,其来源不可能是商朝在山东用来垦田的奴隶,应该是商朝的西方。郑杰祥以为龙方在商朝西部,在今闻喜一带,为昆吾族群豢龙氏之后②。

龙方与羌族比较接近,有的还在羌人活动的附近。商朝的羌人主要活动在今陕西一带,可知龙方势力也到达了今陕西。从地理位置来看,龙方应该是董姓豢龙氏之后。此外,甲骨文中出现龙氏羌、龙方氏羌,以及羌龙等记载,应该是羌人与龙方结合的族群,其活动范围也应该在晋南、陕东一带,甲骨文中也出现有"彭龙",如:"……彭龙……取三十邑。小告。"(《合集》7073 正)"贞勿令自般取【𢀖】于彭龙。"(《合集》8283)彭龙的势力很大,又与商朝为敌,其主要活动地方应该是彭地的龙方人,其分布应该在陕东、晋南一带。这一带有彭的地名,在春秋时期有彭衙。《左传·文公二年》记载:"二年春,秦孟明视帅师伐晋,以报殽之役。二月,晋侯御之。先且居将中军,赵衰佐之。王官无地御戎,狐鞫居为右。甲子,及秦师战于彭衙。秦师败绩。"③彭衙,在今陕西澄县西北,此地应该是彭龙人活动的中心区域。

(二)吾方

对商朝威胁比较大的还有吾方,商朝曾经大规模长时间与吾方作战,有学者统计,甲骨卜辞,有 585 版中含有"吾",除去可缀合及不可读的,至少有 500 版。④ "吾方"在甲骨卜辞中常见,前辈学者多有所研

---

① 王平,顾彬.甲骨文与殷商人祭[M].郑州:大象出版社,2007:49-50.
② 郑杰祥.商代地理概论[M].郑州:中州古籍出版社,1994:56.
③ 春秋左传集解[M].上海:上海人民出版社,1977:426.
④ 李发.商代武丁时期甲骨军事刻辞的整理与研究[D].重庆:西南大学,2011:50.

究,但对于其地望与族群的研究,还有待分析。近年来的相关考古发现与研究,可以为我们提供比较清楚的认识。

(1)……舌〔方〕……(《合集》7143 正)

(2)贞登人三千,乎……来今……舌……(《合集》7319)

(3)壬午卜,亘,贞告舌方于上甲。(《合集》6131 正)

(4)……〔告〕舌方于示壬。(《合集》6131 正)

(5)贞于报乙告舌方。(《合集》6132)

(6)贞于河告舌方。(《合集》6133)

(7)贞告舌方于上甲。(《合集》6134)

(8)贞告舌方于上甲。(《合集》6135)

(9)告舌方〔于〕上甲。(《合集》6136 正)

(10)贞告舌方于唐。三(《合集》6138)

(11)贞〔于〕大丁告舌〔方〕。(《合集》6139)

(12)贞于大甲告舌方。(《合集》6141)

(13)告舌〔方〕于黄尹。(《合集》6142)

(14)贞于大甲告舌方〔出〕。(《合集》6142)

(15)贞〔于大〕甲告舌方〔出〕。(《合集》6143 正)

(16)贞〔于〕大甲告舌〔方〕。(《合集》6144)

(17)告舌方于祖乙。(《合集》6145)

(18)〔贞〕于黄尹告舌方。(《合集》6146)

(19)贞舌方于河勹。(《合集》6152)

(20)……于王亥勹舌〔方〕。(《合集》6157)

商王武丁在讨伐舌方时反复向自己的祖先大甲、上甲、唐、祖乙、黄尹、祖丁等人祈祷,还向河神祷告,祈求得到这些神灵的帮助,反映了舌方势力的强大导致商王武丁对战争十分谨慎。

在对舌方的战争中,商王武丁甚至亲自率兵参加到军事行动之中。"乙卯卜,㱿,贞〔舌〕方出,王自征。下上若,我〔其受又〕。"(《合集》6098)"……舌方出,王自征……"(《合集》6099)

商王讨伐舌方时,动用了大量的军队:"贞登人五千乎见舌方。"(《合集》6167)"贞登人三千乎伐舌方受㞢又。"(《合集》6168)"庚子卜,宁,贞勿登人三千乎〔伐〕舌方,弗〔其〕受㞢又。"(《合集》6169)如果加上其他军队,针对舌方的军事行动可能动用了上万人的军队,这在当时应该是大规模的军事行动。

商朝征伐舌方的时间,持续比较久。"己亥卜,宁贞翌庚子步戈人,不囏。十三月……"(《英国所藏甲骨文集》Y564)"辛丑卜,宁贞更羽令以戈人伐舌方,𢦔。十三月。"(《英国所藏甲骨文集》Y564)"十三月"见于两版,从干支上看,可能是在一个月之中。根据"三年一闰,五年二闰"的历法传统,商朝对舌方的军事行动至少持续了三年,如果干支不在一个月上,则至少持续了五年。

舌方的地望,胡厚宣先生以为在今山西以西陕西之地①。舌方能与商朝长时间对抗,不可能是游牧部落,肯定有其聚落所在地。2004—2006年,在山西柳林发掘的高红遗址,发现了夯土遗址以及版墙遗址,面积4000平方米左右,可以判断是一个政治集团的中心所在地。^{14}C 测年并经树轮校正,遗址年代在公元前1300—前1120年之间,即为商代二三期。② 此后,高红遗址最大规模的夯土建筑基本上被废弃,在之后的墓葬和遗址内均未发现典型的商代及其本地的青铜器,而且出土的相关青铜器也很少。这可能与发掘范围有关,但不可否认的是高红遗址所代表的文化已经衰落,统治集团可能迁徙到了他处。高红遗址的衰落与否与这个时间段舌方活动的强弱存在一定的关联,胡厚宣先生的研究表明甲骨卜辞中,涉及舌方的大多数是武丁时期的;而此后的很少。综合各种研究,我们可以判断,高红遗址是舌方活动的一个中心区域。

高红遗址中的陶器均可以在本地的龙山文化中找到源头;高红遗址中的青铜样式与风格,与商代不一样,是本地基础上发展起来的,在铸造工艺上比商朝的要差。③ 此外,人骨分析表明,高红遗址墓葬人骨属于蒙古东亚型人种。高红组人群的颅骨和虒祁组(山西省临汾市侯马,遗址年代为战国晚期至汉代)、零口组(陕西省西安市临潼区零口遗

---

① 胡厚宣.甲骨学商史论丛初集:外一种[M].石家庄:河北教育出版社,2002:161-172.
② 王京燕,马昇.商代西北方国的文明遗珍 山西吕梁高红商代夯土基址[J].大众考古,2014(7):29-32.
③ 赵辉.晋中地区商代遗存分析[D].济南:山东大学,2012:29-42.

址,年代为新石器时代、战国以及秦汉时代)、乔村合并组(山西省临汾市侯马,遗址年代为战国中晚期)、上马组(山西省临汾市侯马,遗址年代为西周晚期至战国时期)分布相对集中,表示亲缘关系比较接近。①高红遗址居民与晋南地区关系密切,可能与从晋南地区迁徙有关。由于长期与商朝为敌,因此可以认为生活在此地的舌方族群,应该是夏朝遗民后裔,按照夏朝在晋南的势力来看,当为昆吾族群后裔。

(三)土方

除了舌方,与商朝为敌的还有土方族群。商朝曾多次派大军征讨土方,甲骨卜辞中涉及的土方有七十多条,其次数仅次于舌方。② 有几次出动的军队颇多:"……登人三千乎伐土方。"(《合集》6407)"丁酉卜,𣪘,贞今🌣王共人五千征土方受㞢又。三月。"(《合集》6409)"辛巳卜,争,贞今🌣王共人乎帚好伐土方受㞢又。五月。"(《合集》6412)从妇好征伐土方以及"五千征土方"来看,针对土方的军事行动也可能涉及近万人,是一次大规模的征伐活动。经过征讨,土方一度臣服商朝:"贞我受土方又。"(《合集》8479)土方臣服后,商王也曾经视察土方:"戊辰卜,𣪘,贞王㞢土方。"(《合集》559正)由于土方和舌方经常联合对付商朝,"土方征于我东鄙……舌方亦侵我西鄙田"(《合集》6057正),因此,商王在征伐土方的同时也征伐舌方,因此,土方与舌方距离应当不远,邹衡先生以为在今山西石楼一带③。

《元和郡县图志·河东道·隰州》记载:"石楼县,中下。东至州九十里。本汉土军县也,属西河郡,晋省。后魏孝文帝于此城置吐京郡,即汉土军县,盖胡俗音讹,以军为京也。隋开皇五年又以吐京属隰州,十八年改吐京为石楼县,因县东石楼山为名也。"④土军的地名,可能在春秋时期业已存在,方足布中有面文为"土匀",此外还发现一件錍,刻

---

① 梁宁宁.山西柳林高红墓地人骨研究[D].长春:吉林大学,2017:33-42.
② 罗琨.商代人祭及相关问题[M]//胡厚宣等.甲骨探史录.北京:生活·读书·新知三联书店,1982:141.
③ 邹衡.夏商周考古学论文集[M].北京:文物出版社,1980:280-281.
④ 李吉甫.元和郡县图志[M].贺次君,点校.北京:中华书局,1983:347-348.

有"土匀容四斗錍"。"土匀"一般认为是汉代的"土军"前身。① 故而土军地名的来源很早,应该与土方族群在此活动有关。

土方部落与舌方关系比较密切,距离比较近,也应该是夏朝遗民。《诗经·商颂·长发》记载:"濬哲维商,长发其祥。洪水芒芒,禹敷下土方。"②《楚辞·天问》载有:"禹之力献功,降省下土方。焉得彼涂山女,而通之于台桑?"③《尚书·虞夏书·舜典》记有:"帝釐下土方,设居方,别生分类。"④郭沫若先生等以为,"禹敷下土方",就是大禹受上帝之命来治理土方之地。"土"古音韵在鱼部,与夏同部,"土方"即"夏方",甲骨文土方即夏朝遗民。⑤ 郭沫若认为是殷朝西北的大敌;并进一步推算土方距离安阳有一千多里,当在包头附近;舌方更在包头之西。⑥ 土方虽然是夏朝的遗民,但究竟是哪个族群,学术界探讨不多,朱芳圃先生以为土方是陶唐氏的后裔⑦,其主要依据是《竹书纪年》中记载武丁五十年,"征豕韦,克之"⑧。朱芳圃先生以为"豕韦"即"土方"。但近年出土的清华简《傅说之命》记载:惟殷王赐说于天,庸为失仲使人。王命厥百工乡,以货徇求说于邑人。惟射人得说于傅岩,厥俾绷弓、绅关、辟矢。"失仲"即"豕韦",我们知道傅说版筑之地在晋南。后来,商朝征伐豕韦时,派遣傅说作为统军将领,征伐的地点在"傅岩"一带,即今晋南平陆附近。⑨ 因此,土方不可能是豕韦。土方既然是夏朝遗民,考虑夏末对晋南控制的主要力量是昆吾族群,因此,我们也可以认为,土方族

---

① 马保春.晋国地名考[M].北京:学苑出版社,2010:215-216.
② 诗经[M].王秀梅,译注.北京:中华书局,2015:820.
③ 朱熹.楚辞集注[M].上海:上海古籍出版社,1979:59.
④ 今古文尚书全译[M].江灏,钱宗武,译注.周秉钧,审校.贵阳:贵州人民出版社,1990:35.
⑤ 郭沫若著作编辑出版委员会.郭沫若全集 历史编 第一卷[M].北京:人民出版社,1982:307-309;胡厚宣.甲骨文土方为夏民族考[M]//殷墟博物苑,中国殷商文化学会.殷墟博物苑苑刊:创刊号.北京:中国社会科学出版社,1989:1-8.
⑥ 郭沫若著作编辑出版委员会.郭沫若全集 考古编 第一卷[M].北京:科学出版社,1982:77-78.
⑦ 朱芳圃.土方考[J].河南大学学报(社会科学版),1962(2):53-59.
⑧ 沈约.竹书纪年[M].四部丛刊景明天一阁本.
⑨ 刘光胜.清华简《傅说之命》与傅圣生平事迹新探[J].古代文明,2018,12(4):35-42;张卉.清华简《说命上》"说于窑伐失仲"考[J].考古与文物,2017(2):118-122.

群应该以昆吾族群为主要力量。

  由于土方和舌方是夏朝遗民,长期与商朝为敌,商朝对二者非常警惕。商朝初年,就向太谷县一带进行渗透,长期以来该地的白燕文化与商文化保持着友好与隶属的关系,到了商朝晚期,白燕文化几乎完全认同并吸收了商朝礼制。① 在灵石旌介村,也出现了带有明显商文化的遗址,1976年和1985年在该地墓葬出土了一百多件青铜器,其中五十二件带有铭文,在五十二件铭文铜器中,三十件铜器为同一个铭文,这些铭文应该是一个族群的族徽标志,专家将这个族群考订为商代的一个方国,即丙国。丙国字形在武丁时期的甲骨文中已经出现,证明这个方国存在的时间很长。灵石旌介墓葬也用人殉,都放在二层台上;也存在腰坑,腰坑内放置有殉狗,狗颈佩戴有铜铃,这些习俗与安阳殷商墓葬一致。此外,出土铜器的器形、图案以及铜器组合也与安阳殷墟墓葬相似。在墓葬形制和铭文字形上与安阳殷墟也存在相似之处。② 李伯谦先生指出,丙国族徽的青铜器在安阳、洛阳等地也有发现,其族徽在一百多件青铜器中出现;根据甲骨文的记载,丙国是一个异姓方国,或许当过管理铸冶的官员,也跟随商王征讨井方,也接受过商王的封号,是一个接受商文化并与商朝保持友好关系的方国。灵石旌介墓出土其他带有族徽标志的青铜器,其铸造风格与商代一致,均属同一文化系统,当属通婚、联盟或者氏族分化导致。这些族群或者方国,和丙国一样,是商王朝的友好方国。③

  武丁时期,商朝一度打算在唐地筑城:"贞,作大邑于唐土。"(《英国所藏甲骨文集》Y1105正)"己卯卜,争,贞王乍邑帝若,我从之唐。"(《合集》14200)"贞帝孜唐邑……贞帝弗孜〔唐〕邑。"(《合集》14208正)最后的结果是可能没有筑城。其主要原因是,唐地周边存在一个对商王朝非常友好的方国,即唐国。唐国经常向商王报告舌方的动向:"自㠱友唐,舌方……戊申亦㞢来自西,告牛家。"(《合集》6063反)唐国经常向商朝进贡龟甲之类的贡品:"唐入十。"(《合集》892反)"唐来四十。"

---

  ① 蒋刚.论白燕文化及其相关问题[J].考古与文物,2009(5):27-37.
  ② 殷玮璋,曹淑琴.灵石商墓与丙国铜器[J].考古,1990(7):621-631,637.
  ③ 李伯谦.从灵石旌介商墓的发现看晋陕高原青铜文化的归属[J].北京大学学报(哲学社会科学版),1988(2):15-29.

(《合集》5776反)从唐的地望来看,应该与舌方比较近,当在古唐地一带,即今临汾附近。

此外,在晋南地区,还存在一个先族族群。1998年浮山县桥北崔家疙瘩战国墓被盗,此后盗墓猖獗。2001年冬缴获了带有"先"字铭文的商代青铜器。2001年山西省考古所等对桥北一带的商周墓葬进行发掘,发现殷商时期的大墓5座,周代的中小墓25座。这些墓无一例外都被严重盗掘,除了陶器和墓道上的车马器之外,几乎没有其他的遗物。5座大型墓葬中,形制上都有带"甲"字形的墓道,大墓中具有人牲和陪葬的狗,此外还有腰坑,这符合商朝的墓葬形制。① 此外,根据流落到日本的3件"先"族青铜器研究,可以发现这3件青铜器来自浮山地区,在年代上为殷墟文化二期(即武丁、祖庚、祖甲时期)的遗物。② 先族的活动,在甲骨卜辞中有记载,早期的先族是商王讨伐的对象:"乙亥卜,奉先。乙亥卜,弗奉先。"(《合集》33010)"庚戌卜,令从舞伐先。"(《合集》19773)"己卯卜,王,贞余乎……先。"(《合集》7014)先族族群人员也曾被当作人牲去祭祀商朝的祖先,可见商朝对先族族群比较痛恨,如:"壬申,贞王又〔卯〕,于祖乙曳先。壬申,贞王又〔卯〕,祖丁曳先。"(《小屯南地甲骨》T4583)

经过武丁时期的战争,先族族群臣服于商朝,在墓葬礼制上完全接受了商朝文化的内容;先族有人在商朝中担任占卜官员,卜辞中有"乙亥卜,先贞:今日雨?"的记载。此外,先族还接受商王的命令去进攻羌人:"贞先不其隻羌。"(《合集》188正)"贞先不其隻羌。"(《合集》189正)"贞先隻羌。"(《合集》207)"先"同"佚",与"莘"字相通。《孟子·万章上》记载:"伊尹耕于有莘之野。"③《吕氏春秋·孝行览·本味》记载:"汤闻伊尹,使人请之有佚氏。有佚氏不可。伊尹亦欲归汤,汤于是请取妇为婚。有佚氏喜,以伊尹媵女。"④而《史记·周本纪》记载:"帝纣

---

① 桥北考古队.山西浮山桥北商周墓[M]//北京大学中国考古学研究中心,北京大学震旦古代文明研究中心.古代文明:第5卷.北京:文物出版社,2006:347-384.
② 何毓灵.日本收藏的三件"先"族青铜器[J].中原文物,2014(2):60-63,123.
③ 孟子[M].朱熹,集注.上海:上海古籍出版社,2013:132.
④ 许维遹.吕氏春秋集释[M].梁运华,整理.北京:中华书局,2019:310.

乃囚西伯于羑里。闳夭之徒患之,乃求有莘氏美女。"①"有莘氏",《世本》记载:"莘国,姒姓,夏禹之后,即散宜生等求有莘美女献纣者。"②因此,先族族群为夏禹后裔,这也可能是商朝将先族成员作为人牲的原因之一。先族族群在夏朝灭亡之后,并没有随着北迁,而是留在了当地,最初还是商朝的敌对势力。先族族群最终臣服于商朝,这反映了商朝虽然没有在晋南扩建据点,但是通过控制方国,对晋南地区施加了强大的影响。

商王朝利用白燕文化的族群、灵石旌介文化的丙国族群与唐国族群以及先族族群的力量,步步为营,把生活在高红文化遗存及其周边地区的昆吾族群紧紧钳制在吕梁山内。面对这种情况,昆吾族群逐渐放弃了在高红等地区的据点,部分人被商朝征服,臣服于商朝的统治之下;部分人越过太原盆地北上;也有部分人渡过黄河来到陕西。舌方和土方势力逐渐被消灭,商朝在唐地修建大邑的想法并没有实现。

三 昆吾族群西北移动

殷商时期,昆吾族群有在关中活动的痕迹,《逸周书·大聚》记载:"维武王胜殷,抚国绥民,乃观于殷政,告周公旦曰:'呜呼,殷政总总若风草,有所积,有所虚,和此如何?'……武王再拜曰:'呜呼,允哉! 天民侧侧,余知其极有宜。'乃召昆吾冶而铭之金版,藏府而朔之。"③此时发生在周灭商不久之时,此时周族活动在关中平原,可知昆吾族群成为周族冶金部门的管理者。

后世关中地名中也可见昆吾族群的活动。陕西蓝田附近有昆吾山和昆吾亭。《汉书·扬雄传上》引《河东赋》记载:"武帝广开上林,南至宜春、鼎胡、御宿、昆吾,旁南山而西,至长杨、五柞,北绕黄山,濒渭而

---

① 司马迁.史记:第1册[M].北京:中华书局,1959:116.
② 司马迁.史记:第1册[M].北京:中华书局,1959:117.
③ 朱右曾.逸周书集训校释[M].上海:商务印书馆,1940:62-65.

东,周袤数百里。穿昆明池象滇河,营建章、凤阙、神明、駊娑,渐台、泰液象海水周流方丈、瀛洲、蓬莱。游观侈靡,穷妙极丽。"①《汉书·外戚传上》也记载:"霍后立五年,废处昭台宫。后十二岁,徙云林馆,乃自杀,葬昆吾亭东。"②这两个地名是昆吾族群在关中地区活动的痕迹。

此外,昆吾族群中以犬夷和羌方为代表的部族向西北移动。这些部族的下层可能不是昆吾族群,但上层是昆吾族群。

(一)犬夷西北移动

夏商时期,还有构成犬夷主体的昆吾族群经过关中,向西北地区移动。犬夷作为一个族群,最早出现在《史记·齐太公世家》中:"伐崇、密须、犬夷,大作丰邑。天下三分,其二归周者,太公之谋计居多。"③《史记·匈奴列传》记载:"夏道衰,而公刘失其稷官,变于西戎,邑于豳。其后三百有余岁,戎狄攻大王亶父,亶父亡走岐下,而豳人悉从亶父而邑焉,作周。其后百有余岁,周西伯昌伐畎夷氏。"④可见"犬夷"又称"畎夷"。

"夷",传统一般指东方族群。《礼记·王制》记载:"中国、戎、夷、五方之民,皆有性也,不可推移。东方曰夷,被发文身,有不火食者矣。南方曰蛮,雕题交趾,有不火食者矣。西方曰戎,被发衣皮,有不粒食者矣。北方曰狄,衣羽毛穴居,有不粒食者矣。中国、夷、蛮、戎、狄,皆有安居,和味,宜服,利用,备器。五方之民,言语不通,嗜欲不同。"⑤

"犬夷"出现在关中地区,意味着该族群来自东方。《后汉书·西羌传》记载:"王政修则宾服,德教失则寇乱。昔夏后氏太康失国,四夷背叛。及后相即位,乃征畎夷,七年然后来宾。至于后泄,始加爵命,由是服从。后桀之乱,畎夷入居邠岐之间,成汤既兴,伐而攘之。及殷室中衰,诸夷皆叛。至于武丁,征西戎、鬼方,三年乃克。故其诗曰:'自彼氐

---

① 班固.汉书:第11册[M].颜师古,注.北京:中华书局,1962:3541.
② 班固.汉书:第12册[M].颜师古,注.北京:中华书局,1962:3968-3969.
③ 司马迁.史记:第5册[M].北京:中华书局,1959:1479.
④ 司马迁.史记:第9册[M].北京:中华书局,1959:2881.
⑤ 礼记[M].陈澔,注.金晓东,校点.上海:上海古籍出版社,2016:153.

羌,莫敢不来王。'"①不过,《太平御览·皇王部·帝相》引《纪年》记载:"帝相即位处商丘。元年,征淮夷;二年,征风夷及黄夷。"②而《路史·后纪·疏仡纪》则记载,元年,"征淮畎"③。可见,帝相主要征讨的有畎夷、淮夷、风夷和黄夷等。

帝相时居住在商丘,其征伐的"畎夷",应该在商丘附近。商丘后来成为昆吾族的势力范围,所以此后的"畎夷"上层应该是昆吾族群,因为昆吾族群在夏朝中期后成为夏朝依据的主要力量之一,所以到帝泄时被封爵。

夏桀时期,犬夷东迁至关中地区,主要是因为商族的崛起。商汤居亳,可能是今安阳一带。夏朝末年开始对周边地区征伐,商汤最早征服的夏朝邦国为"葛国"。《史记·殷本纪》记载:"葛伯不祀,汤始伐之。"④葛国,一般认为在今商丘宁陵一带。从征服葛国开始,商汤先后征服了夏朝十多个友好邦国,最后积蓄力量灭掉了夏朝。《孟子·滕文公下》记载:"'汤始征,自葛载',十一征而无敌于天下。"⑤在商汤征伐的过程中,一部分夏朝邦国力量臣服于商族,也有一部分迁徙他处。犬夷在这种背景下迁徙到关中地区。

犬夷迁徙关中的同时,也将相关地名带到关中。《春秋·隐公八年》记载:"春,宋公、卫侯遇于垂。"⑥而《左传·隐公八年》则记载为:"八年春,齐侯将平宋、卫,有会期。宋公以币请于卫,请先相见,卫侯许之,故遇于犬丘。"⑦可见犬丘即垂,在今山东曹县一带。《左传·襄公元年》记载:"秋,楚子辛救郑,侵宋吕、留。郑子然侵宋,取犬丘。"⑧则此犬丘在今河南商丘一带。《史记·秦本纪》记载:"非子居犬丘。"⑨此处的犬丘,在扶风郡。《汉书·地理志上》记载:"右扶风……槐里,周曰

---

① 范晔.后汉书:第10册[M].李贤,等注.北京:中华书局,1965:2870.
② 李昉,等.太平御览[M].北京:中华书局,1960:383-384.
③ 罗泌.路史[M].清文渊阁四库全书本.
④ 司马迁.史记:第1册[M].北京:中华书局,1959:93.
⑤ 孟子[M].朱熹,集注.上海:上海古籍出版社,2013:80.
⑥ 春秋左传集解[M].上海:上海人民出版社,1977:43.
⑦ 春秋左传集解[M].上海:上海人民出版社,1977:45.
⑧ 春秋左传集解[M].上海:上海人民出版社,1977:798.
⑨ 司马迁.史记:第1册[M].北京:中华书局,1959:177.

犬丘，懿王都之。秦更名废丘。高祖三年更名。有黄山宫，孝惠二年起。莽曰槐治。"①《史记·秦本纪》又记载："秦仲立三年，周厉王无道，诸侯或叛之。西戎反王室，灭犬丘、大骆之族。周宣王即位，乃以秦仲为大夫，诛西戎。西戎杀秦仲。秦仲立二十三年，死于戎。有子五人，其长者曰庄公。周宣王乃召庄公昆弟五人，与兵七千人，使伐西戎，破之。于是复予秦仲后，及其先大骆地犬丘并有之，为西垂大夫。庄公居其故西犬丘，生子三人，其长男世父。"②"正义"引《括地志》记载："秦州上邽县西南九十里，汉陇西西县是也。"③《水经注·漾水》记载："西汉水又西南合杨廉川水，水出西谷，众川泻流，合成一川，东南流径西县故城北，秦庄公伐西戎，破之。周宣王与其先大骆犬丘之地为西垂大夫，亦西垂宫也。王莽之西治矣。"④其地在今甘肃礼县。"西犬丘"相对于关中地区的"犬丘"而言。"西垂"相对于山东曹县一带的"垂"地而言。这种地名的迁徙，反映了族群的移动。⑤

"犬夷"居住的地方，夏朝末年在"邠岐之间"，即今岐山至彬州之间的区域。商朝时期，商汤建国后，打败了居住在此地的犬夷，犬夷向西逃窜。在周文王时期，位于周族活动的西部。《后汉书·西羌传》记载："及文王为西伯，西有昆夷之患，北有猃狁之难，遂攘戎狄而戍之，莫不宾服。"⑥文王时期，周人的活动中心在今岐山一带，则犬夷的居住地在岐山西部。周人击败犬夷之后，犬夷向西北迁徙至甘肃礼县一带甚至更西之处。

犬夷西迁后，可能发展为犬戎。有关犬戎的记载，《山海经·大荒北经》记载："大荒之中，有山名曰融父山，顺水入焉。有人名曰犬戎。黄帝生苗龙，苗龙生融吾，融吾生弄明，弄明生白犬，白犬有牝牡，是为

---

① 班固.汉书：第6册[M].颜师古，注.北京：中华书局，1962：1546-1547.
② 司马迁.史记：第1册[M].北京：中华书局，1959：178.
③ 司马迁.史记：第1册[M].北京：中华书局，1959：178.
④ 郦道元，原注.水经注[M].陈桥驿，注释.杭州：浙江古籍出版社，2001：312-313.
⑤ 段连勤.犬戎历史始末述：论犬戎的族源、迁徙及同西周王朝的关系[J].民族研究，1989(5)：82-89.
⑥ 范晔.后汉书：第10册[M].李贤，等注.北京：中华书局，1965：2870-2871.

犬戎，肉食。有赤兽，马状无首，名曰戎宣王尸。"①"弄明"又作"并明"。《史记·周本纪》"正义"引《山海经》记载："黄帝生苗龙，苗龙生融吾，融吾生并明，并明生白犬。白犬有二，是为犬戎。"②《山海经·大荒北经》又记载："西北海外，流沙之东，有国曰中䡅，颛顼之子，食黍。有国名曰赖丘。有犬戎国。有神，人面兽身，名曰犬戎。"③此外，《山海经·海内北经》记载："有人曰大行伯，把戈。其东有犬封国。贰负之尸在大行伯东。犬封国曰犬戎国，状如犬。有一女子，方跪进杯食。有文马，缟身朱鬣，目若黄金，名曰吉量，乘之寿千岁。鬼国在贰负之尸北，为物人面而一目。一曰贰负神在其东，为物人面蛇身。"④

犬戎国或犬封国，史书上有类似记载，《逸周书·王会》记载，伊尹要求四方向商朝进贡物品时提道："正西，昆仑、狗国、鬼亲、枳巳、阘耳、贯胸、雕题、离身、漆齿。"⑤狗国地理位置应该在关中之西的地方，有可能到天山之东的地区。《山海经·海内北经》提到的鬼国，人皆有一目，应该与《山海经·海外北经》记载的"一目国"一致："钟山之神，名曰烛阴，视为昼，瞑为夜，吹为冬，呼为夏，不饮，不食，不息。息为风，身长千里。在无䏿之东。其为物，人面，蛇身，赤色，居钟山下。一目国在其东，一目中其面而居。一曰有手足。柔利国在一目东，为人一手一足，反膝曲足居上。一云留利之国，人足反折。共工之臣曰相柳氏，九首，以食于九山。相柳之所抵，厥为泽溪。禹杀相柳，其血腥，不可以树五谷种。禹厥之，三仞三沮，乃以为众帝之台。在昆仑之北，柔利之东。相柳者，九首人面，蛇身而青。不敢北射，畏共工之台。台在其东。台四方，隅有一蛇，虎色，首冲南方。"⑥

综合以上记载可知：一目鬼国在贰负之北（或说一目鬼国在贰负之西）；贰负和犬戎国都在大行伯之东，二者应该是南北关系。此外，一目国的东面是柔利国，柔利国的东面又有帝丘之台。

---

① 山海经译注[M].陈成,译注.上海：上海古籍出版社,2014：364.
② 司马迁.史记：第1册[M].北京：中华书局,1959：118.
③ 山海经译注[M].陈成,译注.上海：上海古籍出版社,2014：365.
④ 山海经译注[M].陈成,译注.上海：上海古籍出版社,2014：300-301.
⑤ 朱右曾.逸周书集训校释[M].上海：商务印书馆,1940：123.
⑥ 山海经译注[M].陈成,译注.上海：上海古籍出版社,2014：269.

鬼国，或一目之国，在东西方历史上都有记载。希罗多德《历史》中也记载了在东方有一个独目国。独目的形象，可能与御寒面罩有关。①石峁遗址出土了我国史前玉人头像中唯一的一件侧面像，头顶有一椎髻，蒜头鼻，口外凸，一大耳突出于脑后，一只大眼刻于髻下，口与颚间钻一孔，其下是短颈，做工极为古拙夸张(见图4-1)。杨伯达先生以为这件雕像就是一目国人的形象。其玉器应该来源于鬼国附近，他推断玉器来源于贝加尔湖周边的玉矿。②戴应新指出石峁玉器主要来源于本地玉矿以及甘肃等地的玉矿。甘肃敦煌旱峡玉矿遗址是目前发现得最早的玉矿遗址，其年代在公元前1000年左右。③敦煌旱峡玉矿遗址比马鬃山玉矿遗址稍早，要考虑到齐家文化的玉石等情况，该地的玉矿开成应该更早。根据对甘肃闪石的调查，发现齐家文化、石峁文化以及陶寺文化中的玉器，其原料主要是甘肃的闪石。④因此，"一目鬼国"及相关传说或者形象，应该与西玉东输有关，应该在甘肃敦煌及其以西的地方。

在新疆青河县三道海子大石堆群附近发现一幅独特的岩画，岩画中的人物只有一只眼睛，外形看似作腾空飞翔及舞蹈状，充满了欢乐的情绪，整个画面怪诞莫测。有专家认为，三道海子大石堆群极可能和独目人有关，独目人王国可能控制着阿尔泰山大量的黄金资源。⑤因此，我们可以大致判断，在今新疆青河县一带，有一个存在某种信仰的独目族群存在。

---

① 王克林.一目国鬼方新探[J].文博,1998(1):30-38,66.

② 杨伯达."一目国"玉人面考:兼论石峁玉器与贝加尔湖周边玉资源的关系[J].考古与文物,2004(2):29-32.

③ 甘肃省文物考古研究所,中山大学地球科学与工程学院.甘肃敦煌旱峡玉矿遗址考古调查报告[J].考古与文物,2019(4):12-22.

④ 丁哲.甘肃闪石玉与"玉石之路"[J].大众考古,2017(2):46-56.

⑤ 白帆.新疆三道海子遗址群或为"独目人"遗存[N].乌鲁木齐晚报,2017-03-02(14).

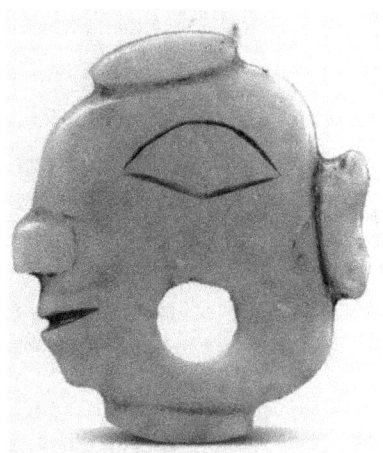

图 4-1 玉雕人头像①

独目族群在新疆青河一带,则犬戎国在其东南,当在天山以东地区。犬戎国传说的出现,文本背后有其复杂的历史,涉及夏商之际的族群战争。

犬戎国传说的记载,比较早的是东晋干宝。《搜神记》卷十四记载:"高辛氏,有老妇人,居于王宫,得耳疾,历时,医为挑治,出顶虫,大如茧。妇人去,后置以瓠篱,覆之以盘,俄尔顶虫乃化为犬。其文五色。因名盘瓠,遂畜之。时戎吴强盛,数侵边境,遣将征讨,不能擒胜。乃募天下有能得戎吴将军首者,赠金千斤,封邑万户,又赐以少女。后盘瓠衔得一头,将造王阙。王诊视之,即是戎吴。"②《后汉书·南蛮西南夷列传》也有类似的记载:"昔高辛氏有犬戎之寇,帝患其侵暴,而征伐不克。乃访募天下,有能得犬戎之将吴将军头者,购黄金千镒,邑万家,又妻以少女。时帝有畜狗,其毛五采,名曰槃瓠。下令之后,槃瓠遂衔人头造阙下,群臣怪而诊之,乃吴将军首也。帝大喜,而计槃瓠不可妻之以女,又无封爵之道,议欲有报而未知所宜。女闻之,以为帝皇下令,不可违信,因请行。"③

另外,《搜神记》(汉魏丛书)卷三中还记载:"昔高辛氏时,有房王作

---

① 高嵘.陕西历史博物馆藏石峁玉器赏析[J].文博,2009(4):81.
② 搜神记[M].胡怀琛,标点.上海:商务印书馆,1931:101.
③ 范晔.后汉书:第10册[M].李贤,等注.北京:中华书局,1965:2829.

乱,忧国危亡,帝乃召募天下有得房氏首者,赐金千斤,分赏美女。群臣见房氏兵强马壮,难以获之。辛帝有犬字曰盘瓠,其毛五色,常随帝出入。其日忽失此犬,经三日以上,不知所在,帝甚怪之。其犬走投房王,房王见之大悦,谓左右曰:'辛氏其丧乎!犬犹弃主投吾,吾必兴也。'房氏乃大张宴会,为犬作乐。其夜房氏饮酒而卧,盘瓠咬王首而还。辛见犬衔房首,大悦,厚与肉糜饲之,竟不食。经一日,帝呼,犬亦不起。帝曰:'如何不食,呼又不来,莫是恨朕不赏乎?今当依召募赏汝物,得否?'盘瓠闻帝此言,即起跳跃。帝乃封盘瓠为会稽侯,美女五人,食会稽郡一千户。后生三男三女,其男当生之时,虽似人形,犹有犬尾。其后子孙昌盛,号为犬戎之国。"①

三处的记载颇相似,应该是来源于同一个传说。高辛氏,为商王祖先,"犬戎"应该与夏朝遗民有关,因为故事中的犬是虫变化而来,与"大禹是一条虫"的来源有一定关系。《说文解字》记载:"禹,虫也。"②这个故事暗示着商朝灭夏之后,夏朝遗民中的一部分人投靠了商朝,另外一部分人向西北逃窜,成为"犬戎国"的主体。③

《山海经·海内经》记载:"黄帝生骆明,骆明生白马,白马是为鲧。"④这个世系与《山海经·大荒北经》记载的犬戎世系大致相同。袁珂以为是同一神话的分化,"马状无首"为受刑的鲧。⑤从这个意义上来讲,犬戎应该是夏朝后裔。当然,"马状无首"也可能是夏桀,因为鲧是被缢杀的,保有头颅。《山海经·大荒西经》记载:"有人无首,操戈盾立,名曰夏耕之尸。故成汤伐夏桀于章山,克之,斩耕厥前。耕既立,无首,走厥咎,乃降于巫山。"⑥这个传说表面上说是斩杀了"夏耕",实际上应该是夏桀。《史记·殷本纪》记载:"纣兵败。纣走入,登鹿台,衣其

---

① 转引自徐华龙.中国神话文化集[M].上海:上海文艺出版社,2019:186.
② 说文解字[M].汤可敬,译注.北京:中华书局,2018:3170.
③ 王宁在《〈山海经〉中犬戎谱系剖析》(《山西师大学报(社会科学版)》1992年第19卷第1期)一文中,分析了犬戎神话与夏商族群之间的争斗,但相关地点与时间的考证还有待完善。
④ 山海经译注[M].陈成,译注.上海:上海古籍出版社,2014:375.
⑤ 袁珂.山海经校注[M].上海:上海古籍出版社,1980:435.
⑥ 山海经译注[M].陈成,译注.上海:上海古籍出版社,2014:353.

宝玉衣,赴火而死。周武王遂斩纣头,县之白旗。"①商纣王自杀后,周武王还要将他的头颅砍下来,其反映了原始社会的胜利者对失败者的某种巫术仪式。夏桀投降后,表面上被流放到南巢,最后可能逃脱不了被诛杀的命运。《帝王世纪》记载:"汤自伐桀后,大旱七年。洛川竭,使人持三足鼎祝于山川,曰:'欲不节耶？使民疾耶？苞苴行耶？谗夫昌耶？宫室营耶？女谒行耶？何不雨之极耶？'殷史卜曰:'当以人祷。'汤曰:'吾所为请雨者,民也。若必以人祷,吾请自当。'遂斋戒剪发断爪,以己为牲,祷于桑林之社。"②商灭夏后,大旱七年,占卜之人提出要用人作为牺牲,被商汤拒绝。其中暗含着夏桀被斩首的命运。据《今本竹书纪年》记载,商汤灭夏后的第二年、第三年发生了大旱,恰好第二年,"夏桀卒于亭山"③。《荀子·解蔽》记载:"桀死于鬲山,纣县于赤斾。"④"桀死于鬲山",或许采用的是一种春秋笔法。《礼记·曲礼下》记载:"天子死曰'崩',诸侯曰'薨',大夫曰'卒',士曰'不禄',庶人曰'死'。"⑤故《荀子·解蔽》暗含了夏桀非正常死亡的情况。因此,"马状无首"所反映的是"夏桀"被诛杀的情景,也暗含着犬戎之国应该是夏朝遗民。

(二)羌方在西北的活动

与商人长期为敌的还有羌方。长期以来,学者以为羌人和羌方一致。笔者认为,羌人与羌方是两个不同的概念。羌人与羌方不一样。甲骨文中,作为人牲、俘虏的羌,字形为"羌";作为方国的羌,字形为"羌",或为"羌",而不用"羌"。可见二者在含义上有区别。⑥ 字形上的

---

① 司马迁.史记:第1册[M].北京:中华书局,1959:108.
② 徐宗元.帝王世纪辑存[M].北京:中华书局,1964:64.
③ 王国维.古本竹书纪年辑校·今本竹书纪年疏证[M].黄永年,校点.沈阳:辽宁教育出版社,1997:62.
④ 荀子[M].方勇,李波,译注.2版.北京:中华书局,2015:338.
⑤ 礼记[M].陈澔,注.金晓东,校点.上海:上海古籍出版社,2016:53-54.
⑥ 朱歧祥.说羌:评估甲骨文的羌是夏遗民说[C]//台湾师范大学国文学系,中研院历史语言研究所.甲骨文发现一百周年学术研讨会论文集.台北:文史哲出版社有限公司,1998:165-172.

差异导致含义上的差异,于省吾将"𦍌"释为"羌",将"𦍋"等释为"羌"①。李学勤则指出,羌和羌方含义不同,商朝称居住在西方的异族人为羌,正如称东方异族人为夷一样;羌方则是居于羌人活动区域的一个方国。凡卜辞中提及的杀羌若干人或捕获若干人,都是广义上的羌。商人捕获羌人后,一部分用作牺牲,另一部分作为奴隶,从事农业或者手工业。②

但李学勤等人的解释还存在可以进一步讨论之处。何为"异族人"?夏朝遗民是否属于"异族人"?从土方等称呼来看,在商朝统治者的视野中,夏朝遗民不是"异族人"。笔者认为,"羌人"是指游牧民族而言,夏朝遗民以及商朝大多数人从事农业生产。扶风刘家羌戎墓葬中普遍随葬石头,与文献中记载的羌人崇拜白石一致。死者头部的双联小铜泡,可能是发卡,反映了羌人披发的传统。③

早期的农业多是刀耕火种,早期农业生产者一般采取焚毁森林与草地的方式从事农业生产。狩猎采集者等非定居觅食群体生存空间不知不觉被压缩,他们被迫离开原来熟悉的觅食地点。这一过程可能并不是十分和平,而且有时充满着各种冲突。狩猎采集觅食获得马匹之后,他们群体规模扩大,并成为熟练的战士,成为农业地区的威胁。在有些地方,马匹的出现,也会使一些农业族群放弃农业生产,转向采集狩猎,主要是因为马匹能使他们远距离获取食物;与此同时,这些人也可能发展成为骁勇善战的战士。易华指出:"马使游牧生活如虎添翼,有了纵横欧亚大陆的可能。"④

家马在中国的出现很复杂,全世界家马中九个支系,中国都具备。亚支系中有两支明显具有中国家马的特征,暗示中国存在家马独立驯化的事件⑤。在殷墟墓葬中出土了大量陪葬的马匹遗骸,甲骨文中也

---

① 于省吾.甲骨文字释林[M].北京:中华书局,1979:437-438.
② 李学勤.殷代地理简论[M].北京:科学出版社,1959:80.
③ 陕西周原考古队.扶风刘家姜戎墓葬发掘简报[J].文物,1984(7):16-29.
④ 易华.六畜考源[J].古今农业,2012(3):23.
⑤ 王小斌.中国家马 mtDNA D-loop 区遗传多样性与多重母系起源研究[D].咸阳:西北农林科技大学,2009:28-30.

有商朝人重视白马以及商朝养马技术比较成熟的卜辞①。有学者认为,应把中国家马的最初出现定在商代晚期,从这一时期开始,中国才开始了真正意义上的家马利用②。由于甲骨文中反映的养马技术比较成熟,家马在中国的出现应该比较早,有人认为家马出现在中原地区是商朝贵族特权与北方游牧民族交战过程中引进来的。故而我们可以判断,家马出现在北方地区,部分是在公元前3000年左右随着中亚来到西北,然后逐步传到中原地区③。

羌人是一群掌握了早期骑兵技术的族群,他们的流动性导致其与定居的农业族群之间发生战争。甲骨卜辞中记载的参加讨伐羌的族群很多④,这从另一个方面表示羌人的流动性很强,当是一种泛指,指游牧族群。

游牧族群的骁勇善战,引起了商朝统治者的敌视,以至于商朝祭祀时多用羌人作为人牲。胡厚宣先生所掌握的甲骨文资料统计,卜辞涉及人祭的有1992条,做人祭的至少有14197人,其中羌人有7426人,可见商朝用于人牲的主要是羌人⑤。

商朝的敌人还有羌方,《诗经·商颂·殷武》记载:"昔有成汤,自彼氐羌,莫敢不来享,莫敢不来王。"⑥表明在商汤时期,羌方就臣服于商朝。在甲骨卜辞中也有大量征伐羌方的记载:"王往伐羌。"(《合集》6617)"贞〔登〕人乎戉伐羌……勿登人乎伐羌。"(《合集》6619)"壬辰卜,争,贞我伐羌。"(《合集》6620)商人俘虏羌方之人后,也将之作为人牲杀害:"其卲羌方匄人羌方异……大吉。"(《合集》27973)"其乎成卲羌方于义祖乙,戋羌方,不丧众。"(《合集》27972)"于潯帝乎卲羌方于之,戋。"

---

① 王红.殷人重视白马补证:以一则重要缀合为例[J].首都师范大学学报(社会科学版),2015(1):36-40.

② 菊地大树.中国古代家马再考[J].刘羽阳,译.南方文物,2019(1):136-150.

③ 赵越云,樊志民.中国北方地区的家马引入与本土化历程[J].历史研究,2017(6):4-23.

④ 牛世山.商代的羌方[M]//中国社会科学院考古研究所夏商周考古研究室.三代考古:二.北京:科学出版社,2006:459-471.

⑤ 胡厚宣.中国奴隶社会的人殉和人祭:下篇[J].文物,1974(8):56-57.

⑥ 诗经[M].王秀梅,译注.北京:中华书局,2015:826.

(《合集》27972)卯,是一种祭祀杀害人牲的方法①。甚至有时候将捕获的羌方首领也作为人牲杀害:"□亥卜,羌二方白其用于祖丁、父甲。"(《合集》26925)商朝势力衰落后,对羌方采取了守势:"癸卯卜,宍,贞宙圃令沚壱羌方。十月。"(《合集》6623)"……戍犀立于𠂤,自之㘝羌方,不雉人。"(《合集》26895)"叀人,戍犀立于□,〔自〕之㘝羌方,不雉人。"(《合集》26895)"其令戍㘝羌方于𠦪,于利征又鬲,戈羌方。吉。"(《合集》27974)"王叀羨令五族戍羌〔方〕。"(《合集》28053)"戍其𧗞毋归,于之若,戈羌方。"(《合集》27972)"叀商方步,立于大乙戈羌方。"(《合集》27982)

羌方的地望,一般认为是在关中地区。关中地区由于存在大量夏遗民,商朝灭亡夏朝后,迅速进入关中。故而要探讨羌方的地望,需探讨商文化在关中地区的边界。关中以北的地区,存在先周文化。《史记·周本纪》记载:"不窋末年,夏后氏政衰,去稷不务,不窋以失其官而奔戎狄之间。不窋卒,子鞠立。鞠卒,子公刘立。公刘虽在戎狄之间,复修后稷之业,务耕种,行地宜,自漆、沮度渭,取材用,行者有资,居者有畜积,民赖其庆。百姓怀之,多徙而保归焉。周道之兴自此始,故诗人歌乐思其德。公刘卒,子庆节立,国于豳。"②不窋率领族人离开晋南,来到今甘肃庆阳一带,此后不断向关中地区推进,先周文化也逐渐向关中地区渗透。因此,商朝关中地区不属于商文化或者先周文化的文化类型,可能是羌方留下来的文化遗存。

商文化在关中地区的分布比较明显,在关中东部地区,以二里冈及殷墟为代表的商文化,直到商朝末年才为周文化取代。

考古发掘表明,华县南沙村遗址出土的文物与偃师、郑州等地的商文化没有多大区别③。蓝田怀珍坊遗址发现有与郑州商文化风格接近的器物。出土卜骨17片,多为牛、羊骨等材质构成。有钻有灼而无凿,多为单钻,钻孔呈圆窝形。卜骨上有钻无凿,为商代早期卜骨的特点。

---

① 刘新民.甲骨刻辞羌人暨相关族群研究[D].重庆:西南大学,2012:106.
② 司马迁.史记:第1册[M].北京:中华书局,1959:112.
③ 张天恩.关中商代文化研究[M].北京:文物出版社,2004:108.

墓葬中死者头向东北方向，与商代墓葬习俗一致。① 在大荔也发现了商文化的遗址②。1986年春，在西安东郊老牛坡遗址内，发掘了一处古代墓地，大部分墓有腰坑和二层台，为殷墟商墓中常见的现象。墓葬中殉人之风盛行，还多见殉狗。墓葬中出土铜器的制法、形制与纹饰，与安阳殷墟出土的同类型器物完全相同。③ 1986年秋至1987年春，又对老牛坡遗址进行了两次发掘，发现了冶铜遗址、夯土建筑遗址、烧陶遗址、墓葬以及陶文和刻画符号。从地层来看，墓葬属于商代晚期；从陶器等文物来看，属于商代晚期器物。④ 老牛坡遗址就有强烈的地方性，但仍然属于商文化系统，时间从商朝早期一直持续到商朝晚期。⑤

文献也表明，商朝在关中地区存在封国，建有根据地。《史记·殷本纪》记载："太史公曰：余以颂次契之事，自成汤以来，采于书诗。契为子姓，其后分封，以国为姓，有殷氏、来氏、宋氏、空桐氏、稚氏、北殷氏、目夷氏。"⑥"索隐"记载："又有时氏、萧氏、黎氏。然北殷氏盖秦宁公所伐亳王，汤之后也。"⑦又《史记·秦本纪》记载："宁公二年，公徙居平阳。遣兵伐荡社。三年，与亳战，亳王奔戎，遂灭荡社。"⑧"荡社"，"集解"引徐广记载："荡音汤。社，一作'杜'。"⑨"索隐"记载："西戎之君号曰亳王，盖成汤之胤。其邑曰荡社。徐广云一作'汤杜'，言汤邑在杜县之界，故曰汤杜也。"⑩"正义"引《括地志》记载："雍州三原县有汤陵。

---

① 西安半坡博物馆,蓝田县文化馆.陕西蓝田怀珍坊商代遗址试掘简报[J].考古与文物,1981(3):48-53.
② 张天恩.关中商代文化研究[M].北京:文物出版社,2004:108-109.
③ 西北大学历史系考古专业.西安老牛坡商代墓地的发掘[J].文物,1988(6):1-22.
④ 刘士莪,岳连建.西安老牛坡遗址第二阶段发掘的主要收获[J].西北大学学报(哲学社会科学版),1991,21(3):43-47.
⑤ 宋新潮.试论老牛坡商文化分期及特征[J].文博,1992(2):12-18,41;黄尚明.论老牛坡商文化的分期[J].江汉考古,2003(1):59-71.
⑥ 司马迁.史记:第1册[M].北京:中华书局,1959:109.
⑦ 司马迁.史记:第1册[M].北京:中华书局,1959:110.
⑧ 司马迁.史记:第1册[M].北京:中华书局,1959:181.
⑨ 司马迁.史记:第1册[M].北京:中华书局,1959:181.
⑩ 司马迁.史记:第1册[M].北京:中华书局,1959:181.

又有汤台,在始平县西北八里。"①"正义"以为:"其国盖在三原始平之界矣。"②"亳王奔戎","集解"引皇甫谧记载:"亳王号汤,西夷之国也。"③

在关中西部,分布的是京当类型的商文化。该文化是商王朝势力西进到陕西渭河流域,融合当地文化形成的带有浓厚地方色彩的区域性商文化。其分布范围在关中西部偏东南一隅,大体包括今兴平、周至、户县、武功、扶风、礼泉等县的河流沿岸,实际占据着关中东西交通的枢纽位置,应是商文化向周边地区推进的产物,扮演着拓疆戍边的角色,并有协调相邻其他部族与商王朝关系的作用。④ 由于商人在本地区的力量弱小,因此只能占据具有重要军事或经济位置的据点、军事要地以及交通枢纽。在这些占领区之外,商人的力量支撑点比较少,不能全面占领和限制该区域。京当类型的商文化遗址中,都能发现先周文化的存在。京当文化据点式分布状况,也表明其代表文化的势力有限,不能有效统治当地。在与当地的先周文化接触的过程中,二者处于比较友好的状态,基本上和平共处。故而商文化在关中西部往北的区域,其影响力只能停留在泾河附近的朱马嘴一带。而且随着商朝势力的衰落,商文化在关中西部撤退非常迅速,大致在武丁之后,商文化在关中西部迅速撤退,进而被先周文化完全占据。⑤

关中地区西部文化中,还存在不可忽视的文化遗存,即先周文化的遗存。先周文化是周族自公刘到武王时期姬姓周人使用的考古学文化。先周文化在20世纪30年代以宝鸡斗沟台沟东墓葬发掘为起点。50—70年代在彬县、岐山、扶风、凤翔都发现了零星的先周文化遗存。80年代开始,发现了长安沣西遗址、宝鸡纸头坊遗址和高家村、扶风壹家堡遗址、长武碾子坡和武功郑家坡遗址,其中比较典型的是后被命名为壹家堡文化、碾子坡文化和郑家坡文化的遗址。90年代发现有麟游

---

① 司马迁.史记:第1册[M].北京:中华书局,1959:181.
② 司马迁.史记:第1册[M].北京:中华书局,1959:181.
③ 司马迁.史记:第1册[M].北京:中华书局,1959:182.
④ 张天恩.关中商代文化研究[M].北京:文物出版社,2004:76-104.
⑤ 牛世山.商文化京当类型的形成背景分析:关于考古学文化空间分布特殊模式的思考[J].考古与文物,2015(6):35-41.

蔡家河、史家塬和园子坪遗址,武功岸底遗址,旬邑孙家遗址,彬县断泾遗址,礼泉朱家嘴遗址,长安羊元坊遗址,周原王家嘴和贺家遗址,岐山周公庙遗址等。① 这些遗址主要分布在地貌以山源、丘陵为主要特征的地域,在偏南部与京当型重合和交错分布②。

1981年在扶风法门乡刘家村发掘了50余座包括西周、战国和所谓的"姜戎"墓地。其中姜戎墓地有强烈的自身特征,而发掘者命名为刘家文化。刘家文化流行偏洞室结构墓葬,以仰身葬为主,个别屈肢葬。随葬陶器全部放置在死者头端棺外,一般放置两排,炊器在前,贮器和水器排后,每件陶器都用一个扁平的石块盖住口部。陶器分为夹砂、泥质两大陶系,单耳罐、双耳罐、腹耳罐等为夹砂陶。灰陶居多,有少量红褐陶和灰褐陶。陶器内壁大多为红褐色,器表颜色斑驳。器表装饰以绳纹为主,还有附加堆纹、戳划纹、弦纹、指甲纹、方格印纹及连珠纹。附加堆纹的形式多样,有鸡冠状、波折状、带状、锯齿状等,常施于扁的档、领及口沿。刘家文化陪葬品中普遍存在砾石,少则一块,多则五块。葬式中,头向一律东北方向,方向在10—80度之间,在40—50度中间居多。③

刘家文化出现的时间,在关中地区找不到其来源,甘肃的辛店文化,因为距离比较远,两个文化之间存在空白之处,不可能是其来源。甘肃齐家文化的时间又比刘家文化早。甘肃的寺洼文化,也因为距离比较远,不可能是其来源。考古学家以为,在甘肃庄浪的庄浪文化,可能是其来源。④ 刘家文化分布于关中平原西部及其以北的山区,北到平凉一带,东不过子午岭,西到甘肃天水、庄浪一带。刘家文化中商文化因素少见,可视为商人敌对势力文化。刘家文化在商人势力退出关中西部后,逐渐融入先周文化之中。⑤ 李水城、牛世山等都同意刘家文

---

① 雷兴山.先周文化探索[M].北京:科学出版社,2010:1-28.
② 张天恩.关中商代文化研究[M].北京:文物出版社,2004:80-89.
③ 陕西周原考古队.扶风刘家姜戎墓葬发掘简报[J].文物,1984(7):16-29.
④ 李水城.刘家文化来源的新线索[M]//远望集:陕西省考古研究所华诞四十周年纪念文集.西安:陕西人民美术出版社,1998:193-199.
⑤ 牛世山.刘家文化的初步研究[M]//远望集:陕西省考古研究所华诞四十周年纪念文集.西安:陕西人民美术出版社,1998:200-213.

化为"姜戎"文化,并认为是羌方所在之地。

判断刘家文化是羌方文化大体没错,但以为是单纯的"羌戎"文化,还得仔细考虑。因为刘家文化分布区域与犬夷西迁后的地理位置高度重合,笔者以为,刘家文化受到犬夷文化的影响,这种影响可以从墓葬中的内涵来推断。

墓葬中的头向和葬式,是区别中国古代不同部落、不同族群的葬俗的重要标志。二者之中,以头向为关键,它或许反映了该族群先祖的迁徙,或为宗教信仰的因素所致。透过墓葬头向偏好,往往可获得关于该族群迁徙以及信仰乃至族群之间相互关系的信息。[1] 在马家浜文化墓葬中,母系时期的墓葬是头北脚南,俯身而葬,表明其来源于北方,与采集业中的土地崇拜一致;父系时期是头南脚北,仰身而葬,进一步表明其来源于北方,与父系社会农业发展的天体崇拜一致。[2] 张胜琳、张正明指出东夷墓葬头向尚东;江汉楚国下层墓葬头向尚南,但楚国贵族墓葬头向尚东;秦陇仰韶文化墓葬头向尚西北,西安半坡遗址墓葬头向基本上朝西,周人早期墓葬中头向也朝西居多。中原墓葬,包括夏朝墓葬,头向基本上向北。[3] 而朱泓对内蒙古凉城铁牛沟战国墓地人骨的研究表明,头向东的代表草原文化系统的人骨体质特征包含了东亚蒙古人种和北亚蒙古人种两种因素,而以东亚类型因素为主;头向北的中原文化系统的墓葬人骨体质上属东亚蒙古人种,但亦存在有少量不完全肯定的北亚蒙古人种的个别因素。具体说,头向东的人骨鼻颧角、总面角大小可能更接近北亚蒙古人种。[4]

如果是戎人文化,其墓葬头向应该朝西。秦人早期墓葬中,墓主头向西。从"姜戎"墓葬头向来看,其或许来自中原地区与北方游牧民族的混合体,因为古代居民方向并不是十分准确。因此,刘家文化可能受到来自中原犬夷文化的影响,成为一种混合文化。

---

[1] 宋公文.楚墓的头向与葬式[J].考古,1994(9):837-841,845.

[2] 彭景元.马家浜诸文化墓葬头向等变化探源[J].南方文物,1998(4):27-30.

[3] 张胜琳,张正明.上古墓葬头向与民族关系[M]//张正明学术文集.武汉:湖北人民出版社,2007:221-240.

[4] 朱泓.内蒙古凉城东周时期墓葬人骨研究[M]//《考古》编辑部.考古学集刊:第7集.北京:科学出版社,1991:169-191.

第五章　周朝时期昆吾族群的活动

一　鬼方、隗姓与昆吾的关系

鬼方是商朝西部的劲敌。《周易·既济》记载："九三,高宗伐鬼方,三年克之,小人勿用。"①此外,《周易·未济》也记载："九四,贞吉,悔亡。震用伐鬼方三年,有赏于大国。"②甲骨卜辞中也有记载:

(1)乙巳卜,宁,贞鬼隻羌。一月。(《合集》203 正)

(2)乙巳卜,宁,贞鬼不其隻羌。(《合集》203 正)

(3)贞鬼隻羌。(《合集》203 正)

(4)贞鬼不其隻羌。(《合集》203 正)

(5)壬辰卜,争,贞隹鬼㱿。(《合集》1114 正)

(6)允隹鬼罘周㱿。(《合集》1114 反)

(7)……小臣鬼……(《合集》5577)

(8)王勿从鬼。(《合集》6474)

(9)己酉卜,宁,贞鬼方易亡囗。(《合集》8591)

(10)己酉卜,内,鬼方易〔亡〕囗。(《合集》8592)

---

① 周易[M].来知德,集注.胡真,校点.上海:上海古籍出版社,2013:289.

② 周易[M].来知德,集注.胡真,校点.上海:上海古籍出版社,2013:293.

(11)□□卜,殻,贞鬼方〔易〕……(《合集》8593)

(12)贞王令鬼……刚于京。(《甲骨总校·怀特》W1650)

甲骨卜辞中,"飮"是一种人祭方法,即解剖人的尸体向神灵献祭,在殷商祭祀活动中,这种方法常被用来屠杀人牲。用于祭祀的主要人牲是"仆""人"和"羌"。这种祭祀所用人牲比较多,一次可用"百羌"。① 故也有人认为这种祭祀中的人牲主要是来自战俘②。但这种战俘也有可能来自鬼方的奴隶或者是鬼方所抓获的俘虏③。

到了商朝晚期,一小部分鬼方族人臣服商朝。鬼方在商朝中央担任"小臣"等官职,成为商朝的附属;在商朝后期,鬼方中有人在商朝中央任级别比较高的官职,并和商王联姻。《史记·殷本纪》记载:"以西伯昌、九侯、鄂侯为三公。九侯有好女,入之纣。九侯女不憙淫,纣怒,杀之,而醢九侯。"④"九侯","集解"徐广注为:"一作'鬼侯'。邺县有九侯城。"⑤"正义"引《括地志》记载:"相州滏阳县西南五十里有九侯城,亦名鬼侯城,盖殷时九侯城也。"⑥《战国策·赵策三·秦围赵之邯郸》记有:"昔者,鬼侯、鄂侯、文王,纣之三公也。鬼侯有子而好,故入之于纣,纣以为恶,醢鬼侯。鄂侯争之急,辩之疾,故脯鄂侯。"⑦

商朝后期,商纣王不满鬼侯而将其杀害。《吕氏春秋·恃君览·行论》记载:"昔者,纣为无道,杀梅伯而醢之,杀鬼侯而脯之,以礼诸侯于庙。"⑧《韩非子·难言》记载:"故文王说纣而纣囚之;翼侯炙;鬼侯腊;比干剖心;梅伯醢……此十数人者,皆世之仁贤忠良有道术之士也,不幸而遇悖乱暗惑之主而死。"⑨《潜夫论·潜叹》记载:"昔纣好色,九侯闻之乃献厥女,纣则大喜,以为天下之丽莫若此也。以问妲己,妲己惧

---

① 王平,顾彬.甲骨文与殷商人祭[M].郑州:大象出版社,2007:88-89.
② 王玉哲.鬼方考补证[J].考古,1986(10):926-929,890.
③ 罗琨.商代人祭及相关问题[M]//胡厚宣等.甲骨探史录.北京:生活·读书·新知三联书店,1982:146.
④ 司马迁.史记:第1册[M].北京:中华书局,1959:106.
⑤ 司马迁.史记:第1册[M].北京:中华书局,1959:107.
⑥ 司马迁.史记:第1册[M].北京:中华书局,1959:107.
⑦ 战国策[M].缪文远,缪伟,罗永莲,译注.北京:中华书局,2012:601.
⑧ 许维遹.吕氏春秋集释[M].北京:中华书局,2009:569.
⑨ 韩非子[M].高华平,王齐洲,张三夕,译注.北京:中华书局,2010:26.

进御而夺己爱也,乃伪俯而泣曰:'君王年即耆邪?明既衰邪?何貌恶之若此而覆谓之好也!'纣于是渝而以为恶。妲己恐天下之愈进美女者,因白九侯之不道也,乃欲以此惑君王也,王而弗诛,何以革后!纣则大怒,遂脯厥女而烹九侯。自此之后,天下之有美女者,乃皆重室昼闭,惟恐纣之闻也。"①《潜夫论》中记载鬼侯被杀与妲己有关,可能不符合历史事实。

  鬼方与商朝关系缓和之后,把其骚扰的矛头指向周族。《史记·周本纪》记载:"公叔祖类卒,子古公亶父立。古公亶父复修后稷、公刘之业,积德行义,国人皆戴之。薰育戎狄攻之,欲得财物,予之。已复攻,欲得地与民。民皆怒,欲战。古公曰:'有民立君,将以利之。今戎狄所为攻战,以吾地与民。民之在我,与其在彼,何异。民欲以我故战,杀人父子而君之,予不忍为。'乃与私属遂去豳,度漆、沮,逾梁山,止于岐下。"②薰育戎狄即鬼方。在鬼方的骚扰下,周族由豳地(今陕西彬县一带)迁徙到周原附近。《诗经·大雅·荡》记载:"文王曰咨,咨女殷商!如蜩如螗,如沸如羹。小大近丧,人尚乎由行。内奰于中国,覃及鬼方。"③此外,《古本竹书纪年》记载:"武乙……三十五年,周王季伐西落鬼戎,俘二十翟王。"④鬼戎即鬼方。到周武王时期,随着商人势力的衰落,失去商人支持的鬼方被周人征服。《史墙盘铭》记载:"圉武王,遹征四方,达殷民,永不巩(恐)狄虘,髟伐尸(夷)童。"狄虘即鬼方。⑤

  此外,周康王时期的《小盂鼎》记载:"隹(惟)八月既望,辰才(在)甲申昧丧(爽),三ナ(左)三右多君入服酉(酒),明,王各(格)周庙,□□□□宾。延邦宾尊其旅服,东乡(向)。盂以多旂佩畎(鬼)方兽(首)馘□□入□门,告曰:王令盂以伐畎方,□□□□□,执兽三人,只(获)馘(馘)四千八百□二馘,孚(俘)人万三千八十一人!孚马□□匹,

---

① 王符.潜夫论[M].汪继培,笺.上海:上海古籍出版社,1978:113-114.
② 司马迁.史记:第1册[M].北京:中华书局,1959:113-114.
③ 诗经[M].王秀梅,译注.北京:中华书局,2015:671.
④ 王国维.古本竹书纪年辑校·今本竹书纪年疏证[M].黄永年,校点.沈阳:辽宁教育出版社,1997:11.
⑤ 尹盛平.猃狁、鬼方的族属及其与周族的关系[J].人文杂志,1985(1):69-74.

孚车卅两(辆),孚牛三百五十五牛,羊廿八羊。"①从俘虏鬼方的首领以及战俘一万多人来看,鬼方不是确指某个具体的方国,而是分散族群的合称。此外,从加俘获牛、羊以及马等来看,鬼方经济以农业为主,兼有部分畜牧业。

鬼方族群来源,王国维、尹盛平等以为是匈奴,即夏后裔②。沈长云以为是赤狄,与突厥同源③。但也有研究认为,白狄与赤狄区别不是在服饰上,只是地理位置不同而已,白狄在草原北部,赤狄在草原南部④。朱歧祥认为鬼方即后世所谓的舌方⑤,董作宾以及王玉哲等人都曾有这种说法,但随着甲骨文中发现的鬼方卜辞的增加,这一说法先后被放弃。但以现在考古发现来看,这种说法也有一定道理,因为以李家崖为代表的鬼方文化与以柳林高红为代表的舌方文化属于同一系统的文化。

鬼方的来源,还应该从"鬼"的字义说起。《说文解字》中对鬼的解释为:"人所归为鬼。从人,象鬼头。鬼阴气贼害,从厶。凡鬼之属皆从鬼。"⑥但这不是"鬼"字的原始意义。鬼、畏、禺,这三个字,原指一物。据《山海经》等记载,禺是类人动物。"鬼"的原始意义,是古代一种类人动物,其后鬼神妖怪之意,均由此引申。商代"鬼""畏"二义尚用同一字,为异族的称谓。商代已造鬼神专用之字。⑦ 则鬼方也为商代的异族。前文论及,商朝对非定居的农业部落称为羌。那么,鬼方居住在西北地区,大部分是非农业部落,为什么不称之为羌呢?笔者以为,要从"异族"的角度去考虑。何为异族呢?如果以敌对角度来讲,土方和舌

---

① 杨宽.西周史[M].上海:上海人民出版社,2003:554-555.
② 王国维.鬼方昆夷猃狁考[M]//谢维扬,庄辉明,黄爱梅.王国维全集:第 8 卷.杭州:浙江教育出版社,2009:377-392;尹盛平.猃狁、鬼方的族属及其与周族的关系[J].人文杂志,1985(1):69-74.
③ 沈长云.猃狁、鬼方、姜氏之戎不同族别考[J].人文杂志,1983(3):75-81.
④ 马长寿.北狄与匈奴[M].北京:生活·读书·新知三联书店,1962:2.
⑤ 朱歧祥.殷武丁时期方国研究:鬼方考[J].许昌师专学报(社会科学版),1988(3):72-77.
⑥ 说文解字[M].汤可敬,译注.北京:中华书局,2018:1860.
⑦ 沈兼士."鬼"字原始意义之试探[M]//沈兼士.沈兼士学术论文集.北京:中华书局,1986:186-202.

方长期与商朝为敌,应该是异族。但商朝二者有专门的名字。若以为鬼方是印欧语系之后,则与事实不符,因为鬼方后裔的佩国贵族在种群上是蒙古人种。因此,笔者以为,鬼方的统治集团是夏族集团中的昆吾族群。由于夏王朝为商所灭,故而对商来说,夏族遗民就是商朝的敌对力量,就是异族。

在陕西清涧李家崖古城址出土有金耳饰、蛇首匕、直援戈、铜锨、铜锥、三足瓮、盆、罐、钵等文化遗物。此外还有陶纺轮、陶拍、卜骨、石磨棒、石刀、石斧、骨针、海贝以及牛、马、羊、猪、狗、兔、鸡、野猪等兽骨,并且窖穴中发现了粟谷。表明李家崖文化代表的族群在经济结构上是半农半牧。① 李家崖文化遗址时间在商朝中后期至西周早期。李家崖文化出土不少刻符,经辨认,可以判断其中的文字有"且""鬼""六""十"等;其中还有一些刻符是殷商时期玄卦的符号。这表明李家崖文字系统与商周文字系统是一致的。李家崖文化中的"鬼"字表明,此地先民也自称为鬼,该地文化应该是甲骨卜辞和相关文献记载的鬼方文化。② 李家崖文化与柳林高红文化所在区域即山西石楼、永和、吉县等地出土的商代晚期青铜器应属同一文化系统③。由于柳林高红文化族群上属于舌方,故而鬼方文化也属于舌方系统,也就是昆吾族群。

商人称之为"鬼方",有一个重要原因,即昆吾族群的母系来自鬼方氏,以母系称呼这个族群,在先秦比较常见。鬼方族群在西周早期被征服,此后将这群人迁往晋南,是为"怀姓九宗"。"怀"即"媿",为近音假借,王国维指出:"《春秋左传》凡狄女称隗氏,而见于古金文中则皆作媿。经典所以作'隗'字者,凡女姓之字,金文皆从女作,而先秦以后所写经传,往往省去女旁。如己姓之己,金文作改、作妃,今《左传》《国语》《世本》皆作'己'字……然则'媿'字依晚周省字之例,自当作'鬼'。其所以作'隗'者,当因古文畏……隗……所差甚微,故又误为'隗'。然则'媿''隗'二字之于'畏'字,声既相同,形亦极近,其出于古之畏方无疑。畏

---

① 唐晓峰.鬼方:殷周时代北方的农牧混合族群[J].中国历史地理论丛,2000(2):15-24.
② 吕智荣.陕西清涧李家崖古城址陶文考释[J].文博,1987(3):85-86.
③ 李伯谦.从灵石旌介商墓的发现看晋陕高原青铜文化的归属[J].北京大学学报(哲学社会科学版),1988(2):15-29.

方之畏,本种族之名,后以名其国,且以为姓,理或然也。"①

于省吾《释神襄》:"隹用妥神襄"之中,襄乃鬼之假借。《说文》从衣㕚声;襄从衣鬼声。二字声韵并同。襄即怀之初文。《汉书·外戚传》:"将相大臣襄诚秉忠,唯义是从。""襄"即古怀字。《一切音义》卷十八,怀孕作襄孕。《汉北海相景君碑》"惊恸伤襄",伤襄即伤怀。是襄从㕚声与襄从鬼声一也。《说文》"傀"或体作"瓌"。是从鬼与从襄一也。凡此均"襄"读"鬼"之证。②

陈公柔进一步指出,怀之作襄为东汉隶书常用字。怀姓九宗,怀乃襄字之衍讹,即媿姓九宗,俱从鬼得声。原为鬼方之种姓。文献中所谓"唐之余民",表示其为唐地之土著民族而被授之于唐叔者。③

周原甲骨卜辞有"入鬼使,呼宅(居)商西"④。"商西"即殷都之西,殷墟的西面正是今天的晋南地区。也表明鬼方到晋南是迁徙而来,但为何将鬼方迁徙到晋南呢?可能是晋南本身就是其祖居地,迁徙到此地也算是重回故土。晋南西周早期的考古,也揭示了鬼方居住在晋南的证据。

山西绛县横水墓地发现了1200余座墓葬,墓葬年代从西周初年延续到春秋早期。横水墓地的墓葬头向中,西向墓葬占绝大多数;东向墓葬数量较少,有少量的青铜礼器墓、陶器墓葬、小件墓葬和无随葬品墓葬。北向墓葬仅1座。从葬俗分析东向墓葬与西向墓葬的差别不大,只是在同类墓葬中地位较低,推测应该是与西向人群关系亲近的人群。1座北向墓葬或出偶然。横水墓葬中有明显的晚商墓葬文化特征,即存在腰坑、殉狗和殉人、俯身葬等特点。但横水等地没有商朝时期的墓葬。横水墓地人群在晚商时期曾经存在,并受商文化影响严重,或者在晚商时期它就属于商王朝统辖的一个方国。西周初年分封而迁徙到此

---

① 王国维.鬼方昆夷玁狁考[M]//谢维扬,庄辉明,黄爱梅.王国维全集:第8卷.杭州:浙江教育出版社,2009:382.

② 于省吾.释神襄[M]//于省吾.双剑誃殷契骈枝 双剑誃契骈枝续编 双剑誃殷契骈枝三编.北京:中华书局,2009:317.

③ 陈公柔.说媿氏即怀姓九宗[M]//中国古文字研究会,中华书局编辑部.古文字研究:第16辑.北京:中华书局,1989:215-217.

④ 徐锡台.周原甲骨文综述[M].西安:三秦出版社,1986:127.

地。根据青铜器铭文可知,此墓葬为隗倗国贵族墓葬群。① 倗国墓葬居民体质分析,墓葬中头向向西与向东属于不同人群,头向向西在亲缘上与大河口人群相近。但由于长期混居,虽然可归为"古中原"类型,但很难从体质上辨别其原始类型。②

2013年5月,山西省文物考古研究所等对绛县雎村墓地进行全面考古调查和勘探,勘探面积7万平方米,墓地面积约4万平方米。截至2018年1月,发掘面积17000平方米,清理墓葬854座,其中大型墓葬10座,其余为小型墓葬。出土文物总数量达11000余件,主要包括青铜器、陶器、漆器、海贝、毛蚶、蚌泡、蛤蜊等。该墓地时代从西周早期延续至西周晚期,墓葬特征明显,均为东西向的圆角长方形土坑竖穴墓,口小底大。雎村墓地墓葬头向以西向为主,东向其次,极少量的北向和南向。葬式以仰身直肢葬为主,俯身直肢葬次之,侧直葬为2座。单人葬占绝大多数,无墓道,发现12座墓有腰坑,少量有殉人和殉牲,部分有车马坑,3座大墓的四角发现有斜洞。雎村西周墓与绛县横水墓地相距仅15千米,且在墓葬特征方面,如墓葬形制、头向、葬式、随葬品及墓葬附近的柱洞、斜洞、腰坑、殉人等方面共性明显。而其与无俯身葬、无殉人等现象的大河口墓地略显不同。与横水、大河口墓为同一文化系统。在体质上,绛县雎村西周墓地与横水西周墓地相近。③

翼城县大河口墓地位于山西省南部翼城县城以东约6000米处。墓地面积4万余平方米,包含西周墓葬1500余座。2009年以来发掘了579座墓葬、24座车马坑。墓葬形制均为长方形竖穴土坑式,口小底大者居多。墓葬绝大多数为东西向,以头向西为主,少量向东,南北向墓葬仅有4座。墓主多为仰身直肢葬,个别为仰身屈肢葬,没有发现俯身葬式。带腰坑的墓葬居多,腰坑内有殉狗,但无殉人现象。随葬品多放置在墓主头前。随葬品有青铜器、陶器、玉器、石器、骨器和蚌器、海贝等。有几件青铜器刻有文字,其中有一件刻有"霸伯作大庙宝尊彝其孙孙子子万年永用"文字。此外,青铜器中有使用日名的习俗。此处

---

① 谢尧亭.晋南地区西周墓葬研究[D].长春:吉林大学,2010:129.
② 王伟.山西绛县横水西周墓地人骨研究[D].长春:吉林大学,2012:93-94.
③ 赵惠杰.山西绛县雎村墓地人骨研究[D].长春:吉林大学,2018:1-2,51.

墓葬是西周一个不见史书的封国即霸国贵族墓葬群。霸国墓葬有一定的西周文化特征,但保留了自身文化特点,与横水倗国墓葬习俗相近。其族群属于狄人族群。① 倗国墓葬中,贵族属于媿姓狄人。

"大河口古代居民的体质特征十分单纯,大河口各组与雎村组、西村周组、横水组和西南呈组的关系较为接近,与北吕周人组、碾子坡西周组和内阳垣组的关系较为疏远。与邻近地区不同时期相关人群的比较结果显示,大河口墓地人群与时代较早的游邀遗址人群和时代较晚的以上马组和陶寺北组为代表的晋文化人群最为接近。"②

绛县横水倗伯墓 M2 铜簋上的铭文(见图 5-1)"毕媿"中的"媿"与传世鬼壶(见图 5-2)上的"鬼"以及李家崖古城址三足瓮刻有"鬼"字的陶文(见图 5-3)的族徽相同,说明"鬼""媿"是同一族属。也说明媿姓狄族的某一支系,西周初年接受周王朝分封,从黄河两岸山地高原迁徙到涑水河之北绛县横水地区。③

图 5-1　倗伯墓 M2 铜簋铭文:倗仲作毕媿媵鼎其万年宝用

---

① 山西省考古研究所大河口墓地联合考古队.山西翼城县大河口西周墓地[J].考古,2011(7):9-18.
② 韩涛.山西翼城大河口墓地出土人骨研究[D].长春:吉林大学,2019:230.
③ 李建生.绛县横水 M2 倗伯墓铜卣铭文研究[EB/OL].(2014-04-12)[2021-12-18].http://www.fdgwz.org.cn/Web/Show/2251.

· 109 ·

图 5-2 传世鬼壶:鬼乍父丙宝壶

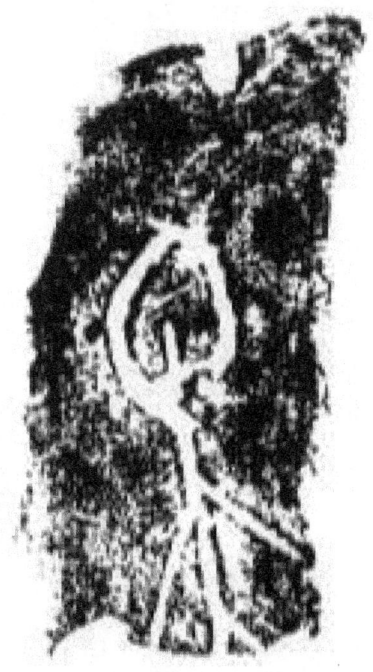

图 5-3 李家崖陶文中的"鬼"字

山东枣庄春秋时期的小邾国墓葬中,出土了昆君妇媿霝壶,其铭文为:"𨺕君妇媿灵作肇(旅)壶,其年迈(万字误倒)子子孙孙永宝用。"①"𨺕"字从口从昆,表示国名。《说文解字》记载:"邑,国也。从口;先王之制尊卑有大小,从卪。凡邑之属皆从邑。"②邑的本字即囗,故段玉裁在《说文解字注》中说:"从囗。音韦,封域也。"③"𨺕"从口从昆,可视为昆族的都邑所在地,故为昆国国都所在地,此地与昆国有关。昆君妇媿霝,王恩田以为是昆国国君为女姓。媿,姓。霝,名。也可以理解为昆国国君为其女妇所做霝器物。昆为媿姓,属于怀姓九宗。昆国地望应为春秋晋邑昆都,在今山西西南汾水之南。《左传·僖公十六年》记载:"秋,狄侵晋,取狐厨、受铎、涉汾,及昆都,因晋败也。"④杜预注:"狐厨、受铎、昆都,晋三邑。平阳临汾县西北有狐谷亭。汾水出大原,南入河。"⑤故而可判定媿姓昆国与郳通婚。王恩田进一步指出,昆国疑昆都,《读史方舆纪要·平阳府·临汾县》记载:"又府南有昆都聚,时晋惠公为秦所败也。"⑥山西媿姓诸国族与山东诸国通婚,还有"㝬奔生作成媿媵鼎"。"㝬"即俑。⑦ 李零先生以为,"𨺕"字,从口从昆,是国族之名,为媿霝的母国,媿霝对夫称母氏。亦认为"媿"为姓,"霝"为名,"君妇"则表明其为小邾国国君之媳。⑧

传世还有"昆君妇媿霝鼎"。这表明有昆国存在。但学者对先秦昆国讨论不多。王恩田以为昆国在昆都附近,但缺乏证据。贾一凡以为上古中的昆国,先秦中只有昆吾之国,故而昆国即昆吾后裔所建之国。媿霝嫁给小邾国为妻,此时晋南怀姓九宗早已为晋国吞并,媿霝因出身相对低微,借昆吾来抬高自己的身份,并与小邾国祖先拉近关系(均为

---

① 李学勤.小邾国墓及其青铜器研究[J].东岳论丛,2007,28(2):2.
② 说文解字[M].汤可敬,译注.北京:中华书局,2018:1284.
③ 许慎.说文解字注[M].段玉裁,注.上海:上海古籍出版社,1981:283.
④ 春秋左传集解[M].上海:上海人民出版社,1977:305.
⑤ 春秋左传集解[M].上海:上海人民出版社,1977:305.
⑥ 顾祖禹.读史方舆纪要[M].贺次君,施和金,点校.北京:中华书局,2005:1876.
⑦ 王恩田.枣庄山亭郳器与郳国[M]//枣庄市山亭区政协.小邾国文化.北京:中国文史出版社,2006:164-165,170.
⑧ 李零.读小邾国铜器的铭文[M]//枣庄市山亭区政协.小邾国文化.北京:中国文史出版社,2006:181.

陆终之后)。① 但贾一凡以为昆吾离不开"昆"字或"昆"字韵转之字,则存在一定问题。昆是单音字,昆吾为多音字,二者明显有别。不过,昆都并不是昆国所在地,《史记·晋世家》记载:"于是遂封叔虞于唐。唐在河、汾之东,方百里,故曰唐叔虞。"②《左传·定公四年》:"分唐叔以……怀姓九宗,职官五正。命以唐诰,而封于夏虚,启以夏政,疆以戎索。"③故而"怀姓九宗"大致在翼城附近,与临汾一带的昆都相距甚远。此外,倗国在西周晚期可能迁徙到郑州荥阳北张楼遗址西北一带④。因此,在晋南的怀姓九宗,可能早被晋国吞并,其后裔迁徙到他处。史书记载,晋国在晋武公时期开始大规模吞并周围小国,走上扩张之路。《国语·晋语一》记载:"十六年,公作二军,公将上军,太子申生将下军以伐霍。"⑤但此前,晋国势力已经扩张到晋南地区:"乃城曲沃,太子处焉;又城蒲,公子重耳处焉;又城二屈,公子夷吾处焉。"⑥蒲,即蒲阪。二屈,即南屈与北屈。二者的位置,据《水经注·河水》记载:"河水又南,羊求水入焉,水东出羊求川,西径北屈县故城南,城,即夷吾所奔邑也,王莽之朕北也。《汲郡古文》曰:翟章救郑,次于南屈。应劭曰:有南,故加北。《国语》曰:二五言于献公曰:蒲与二屈,君之疆也。"⑦蒲阪,即今山西永济一带;北屈,今山西吉县一带;南屈,今山西隰县附近。蒲阪在绛县之南,故可知,到晋武公时期,汾水之南的大部分土地已经并入晋国,怀姓九宗晋南土地为晋国直接控制。按照灭国不绝嗣传统,部分怀姓九宗成员可能迁徙到其他地区。这也是倗国出现在荥阳附近

---

① 贾一凡.小邾国墓地综合研究[D].开封:河南大学,2016:89-92.
② 司马迁.史记:第 5 册[M].北京:中华书局,1959:1635.
③ 春秋左传集解[M].上海:上海人民出版社,1977:1620.《国语·晋语二》记载:"景霍以为城,而汾、河、涑、浍以为渠,戎、狄之民实环之。"(上海师范大学古籍整理组校点《国语》,上海古籍出版社,1978,第 301 页)有学者以为西周中期,晋国地理位置南不过绛山。而倗国等在绛山之南,与怀姓九宗有矛盾之处,笔者以为,晋国开国国君唐叔虞始封之地还未弄清楚(马保春:《晋始封地研究述论》,《华夏考古》2012 年第 1 期,第 91—99 页),故再进一步探讨晋始封之地,可以解决怀姓九宗等问题。
④ 牛济普.格国、倗国考[J].中原文物,2003(4):63-64.
⑤ 国语[M].上海师范大学古籍整理组,校点.上海:上海古籍出版社,1978:271.
⑥ 国语[M].上海师范大学古籍整理组,校点.上海:上海古籍出版社,1978:270.
⑦ 郦道元,原注.水经注[M].陈桥驿,注释.杭州:浙江古籍出版社,2001:50-51.

的原因。

郑州在夏朝晚期为昆吾所居之地①,又倗国为媿姓,故而以"昆君妇媿"来提升其地位,是可能的。

故而我们可以推断,怀姓九宗,即为媿姓九宗,来自鬼方。西周初年分封到祖居地晋南,当是从陕西一带迁徙回来。其有后裔嫁给小邾国国君,为提高其身份,以昆吾后人自居,亦可知鬼方为昆吾之后。

二 隗姓晋北移动

除了吕梁地区,在今山西长治为中心的太行山区,还存在昆吾之后的鬼方。②《后汉书·西羌传》记载:"及子季历,遂伐西落鬼戎。太丁之时,季历复伐燕京之戎,戎人大败周师。后二年,周人克余无之戎,于是太丁命季历为牧师。自是之后,更伐始呼、翳徒之戎,皆克之。"③《古本竹书纪年》记载:"武乙……三十五年,周王季伐西落鬼戎,俘二十翟王。"④陈梦家先生以为,西落鬼戎即鬼方之戎,为隗姓;落即潞,在今潞城东北一带。余无之戎,为余吾与无皋之戎二支,为鬼方支系。⑤

春秋时期,这些人以赤狄的称呼出现,并明确为"隗"姓。《国语·郑语》中史伯对曰:"王室将卑,戎、狄必昌,不可逼也。当成周者,南有荆蛮、申、吕、应、邓、陈、蔡、随、唐;北有卫、燕、狄、鲜虞、潞、洛、泉、徐、蒲。"⑥韦昭以为"潞、洛、泉、徐、蒲"都是赤狄。可见西周初年在长治附

---

① 张国硕.望京楼夏代城址与昆吾之居[J].苏州大学学报(哲学社会科学版),2012(1):184-190.

② 鬼方与昆吾之间的关系,下文将有详细的论述。王国维在《鬼方昆夷猃狁考》中认为鬼方是夏的后裔;但夏朝后裔中存在两支,一支是昆吾族群,一支是夏后族群。笔者认为鬼方是昆吾族群后裔,但属夏人后裔,与王国维的观念一致。

③ 范晔.后汉书:第10册[M].李贤,等注.北京:中华书局,1965:2870.

④ 王国维.古本竹书纪年辑校·今本竹书纪年疏证[M].黄永年,校点.沈阳:辽宁教育出版社,1997:11.

⑤ 陈梦家.殷虚卜辞综述[M].北京:中华书局,1988:293.

⑥ 国语[M].上海师范大学古籍整理组,校点.上海:上海古籍出版社,1978:507.

近有大量的赤狄存在。在西周初年分封唐叔虞为晋国国君时,以怀姓九宗为其依靠力量。

怀姓九宗的一支皋落氏生活在今山西垣曲一带。《国语·晋语一》记载,骊姬曾说:"以皋落狄之朝夕苛我边鄙,使无日以牧田野,君之仓廪固不实,又恐削封疆。君盍使之伐狄,以观其果于众也,与众之信辑睦焉。若不胜狄,虽济其罪,可也;若胜狄,则善用众矣,求必益广,乃可厚图也。且夫胜狄,诸侯惊惧,吾边鄙不儆,仓廪盈,四邻服,封疆信,君得其赖,又知可否,其利多矣。君其图之!"①因此,晋国派遣太子申生伐东山皋落,"是故使申生伐东山,衣之偏裻之衣,佩之以金玦"②。《元和郡县图志·河南道·陕州》记载:"垣县……皋落城,在县西北六十里。《左传》曰'晋侯使太子申生伐东山皋落氏',是也。"③

东山皋落氏在晋国的打击之下,辗转到今长治地区,是为廧咎如④。今山西方山、盂县、昔阳、武乡等地都有名叫皋落,或皋狼,或皋牢的地名,反映了东山皋落族群的迁徙过程⑤。段连勤先生认为,晋国在献公之后,先后扩张到晋南、晋东南,最后到晋中太原附近,皋落氏的迁徙也随着晋国的扩张而迁徙⑥。

赤狄在春秋时期,还威胁晋国东南部。《左传·宣公六年》记载:"秋,赤狄伐晋。围怀,及邢丘。"⑦怀在今河南武陟西南一带,邢丘在今河南温县。此后,赤狄内部出现了五部:潞氏(在今山西潞城东北)、甲氏(今山西长子)、留吁(今山西长子、屯留附近)、铎辰(今山西长治)、廧咎如(今山西太原附近),其中潞氏实力最为强大。⑧《水经注·浊漳水》也记载有相关情况:"东径屯留县故城南,故留吁国也。潞氏之属。《春秋》襄公十八年,晋人执孙蒯于纯留是也……漳水又东北流径襄垣

---

① 国语[M].上海师范大学古籍整理组,校点.上海:上海古籍出版社,1978:277.
② 国语[M].上海师范大学古籍整理组,校点.上海:上海古籍出版社,1978:277.
③ 李吉甫.元和郡县图志[M].贺次君,点校.北京:中华书局,1983:161.
④ 李腾."东山皋落氏"实为"廧咎如"考[J].太原理工大学学报(社会科学版),2018,36(4):35-39,51.
⑤ 李孟存,李尚师.晋国史[M].2版.太原:三晋出版社,2015:464-465.
⑥ 段连勤.北狄族与中山国[M].桂林:广西师范大学出版社,2007:18-19.
⑦ 春秋左传集解[M].上海:上海人民出版社,1977:559.
⑧ 李孟存,李尚师.晋国史[M].2版.太原:三晋出版社,2015;:465.

县故城南,王莽之上党亭。潞县北,县,故赤翟潞子国也。其相丰舒有俊才,而不以茂德。晋伯宗数其五罪,使荀林父灭之。"①

东山皋落氏来到长治附近后,与当地的狄人产生矛盾。《左传·僖公二十三年》记载:"狄人伐廧咎如,获其二女:叔隗、季隗,纳诸公子。公子取季隗,生伯鯈、叔刘;以叔隗妻赵衰,生盾。"②《史记·晋世家》记载:"狄伐咎如,得二女:以长女妻重耳,生伯鯈、叔刘;以少女妻赵衰,生盾。"③咎如,"集解"记载:"贾逵曰:'赤狄之别,隗姓。'"④"索隐"曰:"赤狄之别种也,隗姓也。咎音高。邹诞本作'囷如',又云或作'囚'。"⑤"索隐"又记载:"《左传》云伐廧咎如,获其二女,以叔隗妻赵衰,生盾;公子取季隗,生伯鯈、叔刘。则叔隗长而季隗少,乃不同也。"⑥

晋国内乱平定后,逐渐把扩张矛头对准赤狄。潞氏在酆舒执政时期,杀害了潞子婴儿的夫人,而她正是晋景公的姐姐;并且还弄伤了潞子婴儿的眼睛。这为晋国提供了出兵的借口。《左传·宣公十五年》记载:"潞子婴儿之夫人,晋景公之姊也。酆舒为政而杀之,又伤潞子之目。晋侯将伐之,诸大夫皆曰:'不可。酆舒有三俊才,不如待后之人。'伯宗曰:'必伐之。狄有五罪,俊才虽多,何补焉?不祀,一也。耆酒,二也。弃仲章而夺黎氏地,三也。虐我伯姬,四也。伤其君目,五也。怙其俊才,而不以茂德,兹益罪也。后之人或者将敬奉德义以事神人,而申固其命,若之何待之?不讨有罪,曰"将待后",后有辞而讨焉,毋乃不可乎?夫恃才与众,亡之道也。商纣由之,故灭。天反时为灾,地反物为妖,民反德为乱,乱则妖灾生。故文反正为乏。尽在狄矣。'晋侯从之。六月癸卯,晋荀林父败赤狄于曲梁。辛亥,灭潞。酆舒奔卫,卫人归诸晋,晋人杀之。"⑦晋国和潞氏在曲梁(今山西潞城东北)展开激战,潞氏战败。第二年,又灭了其他三个赤狄国家。《左传·宣公十六年》

---

① 郦道元,原注.水经注[M].陈桥驿,注释.杭州:浙江古籍出版社,2001:163-165.
② 春秋左传集解[M].上海:上海人民出版社,1977:559.
③ 司马迁.史记:第5册[M].北京:中华书局,1959:1657.
④ 司马迁.史记:第5册[M].北京:中华书局,1959:1657.
⑤ 司马迁.史记:第5册[M].北京:中华书局,1959:1657.
⑥ 司马迁.史记:第5册[M].北京:中华书局,1959:1657.
⑦ 春秋左传集解[M].上海:上海人民出版社,1977:618-619.

记载:"十六年春,晋士会帅师灭赤狄甲氏及留吁铎辰。"①晋国对廥咎如的吞并,时间比较晚。《左传·成公三年》记载:"晋郤克、卫孙良夫伐廥咎如,讨赤狄之余焉。廥咎如溃,上失民也。"②廥咎如与晋国国君以及晋国公卿赵氏有姻亲关系,在廥咎如国君昏庸致使老百姓造反的情况下,晋国才以此为借口吞并了廥咎如。此后,在晋国以北的赤狄,要么成为晋国统治下的臣民,要么向北或者过黄河向西北迁徙。

三 隗姓西北移动

鬼方除了在陕西活动之外,在甘肃也有活动的痕迹。也反映鬼方是逐渐朝西北移动的。这可从鬼方后裔中的隗姓来判断。《列女传·仁智传》记载:"密康公之母,姓隗氏。周共王游于泾上,康公从。有三女奔之。其母曰:'必致之王。夫兽三为群,人三为众,女三为粲。王田不取群,公行下众,王御不参一族。夫粲美之物归汝,而何德以堪之?王犹不堪,况尔小丑乎!'康公不献,王灭密。君子谓密母为能识微。诗云:'无已太康,职思其忧。'此之谓也。"③

密须的位置,《汉书·地理志下》记载:"安定郡……阴密,《诗》密人国。"④《史记·周本纪》记载:"明年,伐密须。"⑤"集解"记载:"应劭曰:'密须氏,姞姓之国。'瓒曰:'安定阴密县是。'"⑥"正义"记载:"《括地志》云:'阴密故城在泾州鹑觚县西,其东接县城,即古密国。'杜预云姞姓国,在安定阴密县也。"⑦《读史方舆纪要·平凉府·灵台县》记载:"阴密城,县西五十里。《志》云:古密国也。周文王伐密,《诗》所称'密

---

① 春秋左传集解[M].上海:上海人民出版社,1977:623.
② 春秋左传集解[M].上海:上海人民出版社,1977:668.
③ 列女传今注今译[M].张敬,注译.台北:台湾商务印书馆,1994:89.
④ 班固.汉书:第6册[M].颜师古,注.北京:中华书局,1962:1615.
⑤ 司马迁.史记:第1册[M].北京:中华书局,1959:118.
⑥ 司马迁.史记:第1册[M].北京:中华书局,1959:118.
⑦ 司马迁.史记:第1册[M].北京:中华书局,1959:118.

人不恭',此矣。《左传》:'密须之鼓与其大辂,文所以大蒐也。'《国语》:'周共王游泾上,密康公从。'盖即密国之后矣。秦始名阴密,昭王五十年,武安君白起有罪为士伍,迁阴密。汉为阴密县,属安定郡。后汉废。晋复置。"①密须国在今甘肃灵台一带,密康王之母隗氏族群所在地也应在其附近。

到西汉末年,在甘肃天水也有隗氏的分布,《后汉书·隗嚣公孙述列传》记载:"隗嚣字季孟,天水成纪人也。少仕州郡。王莽国师刘歆引嚣为士。歆死,嚣归乡里。季父崔,素豪侠,能得众。闻更始立而莽兵连败,于是乃与兄义及上邽人杨广、冀人周宗谋起兵应汉。嚣止之曰:'夫兵,凶事也。宗族何辜!'崔不听,遂聚众数千人,攻平襄,杀莽镇戎大尹,崔、广等以为举事宜立主以一众心,咸谓嚣素有名,好经书,遂共推为上将军。"②隗嚣宗族在天水势力很强大,能迅速结集几千人来反抗王莽。隗嚣家族分布于天水,反映了自鬼方族群不断西移。

西周初年关中地区部分鬼方迁徙至晋南后,当地还有鬼方后裔的存在。《史记·匈奴列传》记载:"当是之时,秦晋为强国。晋文公攘戎翟,居于河西圁、洛之间,号曰赤翟、白翟。秦穆公得由余,西戎八国服于秦,故自陇以西有绵诸、绲戎、翟、豲之戎,岐、梁山、泾、漆之北有义渠、大荔、乌氏、朐衍之戎。"③赤翟即赤狄。

赤狄的后裔迁移至西北地区,以犬戎的面貌出现。《说文解字》记载:"狄,赤狄,本犬种。狄之为言淫辟也。从犬,亦省声。"④"赤狄,本犬种",说明赤狄以犬为崇拜对象的族群。《说文解字》记载:"羌,西戎牧羊人也。从人,从羊,羊亦声。南方蛮、闽从虫,北方狄从犬,东方貉从豸,西方羌从羊;此六种也。西南僰人僬侥从人,盖在坤地,颇有顺理之性。唯东夷从大;大,人也。夷俗仁,仁者寿,有君子不死之国。"⑤所谓"顺理之性",即以其生活方式来命名,赤狄为犬种,说明这个族群以狩猎为主,狩猎往往要借助于猎犬,所以流行犬崇拜,故而在族群的命

---

① 顾祖禹.读史方舆纪要[M].贺次君,施和金,点校.北京:中华书局,2005:2796.
② 范晔.后汉书:第2册[M].李贤,等注.北京:中华书局,1965:513.
③ 司马迁.史记:第9册[M].北京:中华书局,1959:2883.
④ 说文解字[M].汤可敬,译注.北京:中华书局,2018:2025.
⑤ 说文解字[M].汤可敬,译注.北京:中华书局,2018:761.

名中往往带有犬字旁,起初是没有歧视之义的。

早期中国东部与西部族群都有狩猎人群,故而都存在犬崇拜的族群。在东部存在犬夷,在西部则是犬戎。在夏朝末年,犬夷来到关中地区,并逐渐向西迁徙,二者居住之地接近,故常把犬戎与犬夷混淆为一个族群。① 也有学者认为犬夷为秦人的祖先,但清华简等相关新文献表明,秦人的祖先是被周人迁徙到西部的②。在前面提到过犬夷西迁之时,认为犬夷居住在商丘附近,为昆吾封国所在地,其首领到后期应该是昆吾族群,但仍然保留原来的族群名称。《潜夫论·志氏姓》记载:"妘姓之后,封于鄢、会、路、偪阳……路子婴儿,娶晋成公姊为夫人,酆舒为政而虐之,晋伯宗怒,遂伐灭路。"③前文我们也提过,路子婴儿为赤狄潞国君主,但是他为妘姓之后,非当时族群主要群体赤狄的隗姓。而在西周早期倗国墓葬中,也发现倗国贵族是隗姓,而统治下层是当地老百姓的现象。

史书常有将畎夷与犬戎混淆的记载,《诗经·大雅·绵》记载:"乃立皋门,皋门有伉。乃立应门,应门将将。乃立冢土,戎丑攸行。肆不殄厥愠,亦不陨厥问。柞棫拔矣,行道兑矣。混夷駾矣,维其喙矣!"④《诗经·大雅·皇矣》记有:"作之屏之,其菑其翳。修之平之,其灌其栵。启之辟之,其柽其椐。攘之剔之,其檿其柘。帝迁明德,串夷载路。天立厥配,受命既固。"⑤《史记·匈奴列传》记载:"其后百有余岁,周西伯昌伐畎夷氏。"⑥而《史记·周本纪》则记载:"明年,伐犬戎。"⑦又《后汉书·西羌传》则记载:"及文王为西伯,西有昆夷之患,北有猃狁之难,遂攘戎狄而戍之,莫不宾服。乃率西戎,征殷之叛国以事纣。"⑧又《史

---

① 姚治中.畎夷非犬戎论[J].六安师专学报,1999,15(3):26-31,66;尹盛平.犬夷与犬戎[C]//《周秦社会与文化研究》编委会.周秦社会与文化研究:纪念中国先秦史学会成立20周年学术研讨会论文集.西安:陕西师范大学出版社,2003:197-211.
② 王洪军.新史料发现与"秦族东来说"的坐实[J].中国社会科学,2013(2):163-185.
③ 王符.潜夫论[M].汪继培,笺.上海:上海古籍出版社,1978:486.
④ 诗经[M].王秀梅,译注.北京:中华书局,2015:590-591.
⑤ 诗经[M].王秀梅,译注.北京:中华书局,2015:603-604.
⑥ 司马迁.史记:第9册[M].北京:中华书局,1959:2881.
⑦ 司马迁.史记:第1册[M].北京:中华书局,1959:118.
⑧ 范晔.后汉书:第10册[M].李贤,等注.北京:中华书局,1965:2870-2871.

记·周本纪》记载:"穆王将征犬戎……王遂征之,得四白狼四白鹿以归。自是荒服者不至。"①《诗经》记载文王是受到"混夷"或者是"串夷"的威胁。《史记》中记载文王伐犬戎,又记伐畎夷氏。可知犬戎与畎夷氏已经混为一体,一方面是二者统治集团中有共同的族源,另一方面是二者长期在西北地区杂居。故在西周之后,以犬戎的面貌出现。

到西周中期,犬戎逐渐强大,成为西北地区重要的族群。《史记·周本纪》记载:"幽王以虢石父为卿,用事,国人皆怨。石父为人佞巧善谀好利,王用之。又废申后,去太子也。申侯怒,与缯、西夷犬戎攻幽王。幽王举烽火征兵,兵莫至。遂杀幽王骊山下,虏褒姒,尽取周赂而去。"②申侯与缯以及西夷犬戎联合,攻占镐京。司马迁在《史记》中,对犬戎与犬夷的记载是十分谨慎的,没有直接用犬戎而用西夷犬戎,可见当时司马迁也明白当时是两个族群的联合体。③但在《汉书》等记载之中,攻占镐京的只是犬戎,而没有西夷之称,反映了人们对西北地区族群认识的模糊。

但无论是犬戎还是犬夷,他们均与昆吾族群相关,他们逐渐向陇西一带迁徙。《史记·匈奴列传》记载:"秦穆公得由余,西戎八国服于秦,故自陇以西有绵诸、绲戎、翟、獂之戎,岐、梁山、泾、漆之北有义渠、大荔、乌氏、朐衍之戎。"④《汉书·匈奴传上》则记载:"而秦穆公得由余,西戎八国服于秦。故陇以西有绵诸、畎戎、狄、獂之戎,在岐、梁、泾、漆之北有义渠、大荔、乌氏、朐衍之戎。"⑤其中绲戎即畎戎,也是犬戎;而翟或者狄,其中有白狄,也有赤狄。这些族群在陇西活动,部分过着定居生活。密康公之母为隗氏,反映了这些生活在陇西的族群的经济方式已改为定居农业生产。

---

① 司马迁.史记:第1册[M].北京:中华书局,1959:135-136.
② 司马迁.史记:第1册[M].北京:中华书局,1959:149.
③ 杨东晨在《论犬戎的族属与变迁》(《固原师专学报》1993年第14卷第3期,第48—51、92页)一文中指出:司马迁在《史记》之中的《五帝本纪》《夏本纪》《殷本纪》中在论述北方、西北族群时未提及畎夷与犬戎,在记述西北民族时,未提及畎夷,是谨慎而准确的。而其他书中关于犬戎的记载,多是西汉以后的追记,在称呼上出现混淆。
④ 司马迁.史记:第9册[M].北京:中华书局,1959:2883.
⑤ 班固.汉书:第11册[M].颜师古,注.北京:中华书局,1962:3746-3747.

夏商周时期，输入中原地区的玉石逐渐由敦煌附近的玉矿转向和田方向提供，作为控制玉石贸易的族群，昆吾族群也逐渐向更西的方向迁徙，以便控制沿途的交通要道。故而昆吾族群在西周来的哈密一带，是存在的。《后汉书·班梁列传》记载："其冬，勇发诸国兵击匈奴呼衍王，呼衍王亡走，其众二万余人皆降。捕得单于从兄，勇使加特奴手斩之，以结车师匈奴之隙。北单于自将万余骑入后部，至金且谷，勇使假司马曹俊驰救之。单于引去，俊追斩其贵人骨都侯，于是呼衍王遂徙居枯梧河上。是后车师无复虏迹，城郭皆安。"[①]"枯梧"二字音读与"昆吾"一致，这一地名与昆吾族群有千丝万缕的联系。随着昆吾族群的迁徙，其也将祖先记忆带到新的地方以命名当地的河流。

根据文献记载分析，在秦朝末年，昆吾族群后裔的几支逐渐迁徙至敦煌一带，向西北迁徙的趋势十分明显。随着匈奴的崛起，西北地区的族群进一步向哈密一带移动。昆吾族群向哈密一带活动，是一个持续的过程。

---

① 范晔.后汉书：第6册[M].李贤，等注.北京：中华书局，1965：1590.

第六章　西迁之路遥远却真切

若干历史文献曾记载,在公元前 1600 年商汤攻灭夏桀、商王朝取代夏王朝的历史进程中,发生过一起昆吾国(族)人西迁到今之新疆哈密的事件。

昆吾国本是文献明确记载的夏王朝的三个诸侯国之一,其地望与另外两个诸侯国基本可以认定都在当今河南省的中部,而且距离夏王朝的王畿之地——今之豫西的河洛地区的偃师二里头——不远。这是因为文献提及:在商汤发动剪灭夏桀的战争的前段,首先向顾、室韦及昆吾等对象进攻。顾、室韦、昆吾作为夏王朝的拱卫者与盟友,它们处在西部的夏王朝与东侧的商部族之间,充当着捍卫夏桀的一道安全屏障。当商汤从今天的河南商丘地区整体上挥师西进的时候,首当其冲的必定是顾、室韦与昆吾这三个夏王朝的与国。对于商汤来说,只有成功地消灭了顾、室韦、昆吾这三个夏王朝的同盟者,才有助于有效打击夏王朝的抵抗力量,并能够在最后的征伐之际集中资源、倾力一战,从而彻底打败即使已经全面败政却还拥有相当实力的夏桀。因此,到鸣条一役,夏朝因桀被逐而亡,也是历史大势的水到渠成的自然转向了。

一　文献之外何以证明昆吾人之西迁

强行突起而非循序渐变的王朝更替或先后取代,在进击和防守的搏杀之中，必然会伴随因为激烈的军事行动与巨大的政治嬗变而带动的人群的空间迁移——这又主要表现为被取代王朝的统治者或权力秉持者等人无奈地主动或被动地远遁其曾经的根基之地。由于商军的强大与商汤顺利消灭夏桀，昆吾人以及其他与商军为敌的人群便四处逃散、奔命，并在这个历史过渡阶段里完成其寻找新的安身立命的场所或空间的任务。譬如，有的部族可能往南方逃散、迁徙，从而成为当今某些华南地区的少数民族的成分来源。

那么，在夏桀被商汤攻灭的时候，先之而亡的中原昆吾国的人们——应当主要是作为其上层统治者群体的那么一部分——又去了哪里？像周武王伐灭商纣王以后那样，把一部分来自殷商故地（今河南安阳）的人口迁移到周王朝的新东都洛邑（今河南洛阳）而予以利用，或者把忠贞仁义之士（即微子启）再分封到商族人的起源地（即河南商丘）、从而建立宋国这样的诸侯国吗？历史文献曾记载夏桀奔逃至南巢的结果或结局，而没有具体提及、叙述昆吾人在战场失利后的去向问题。应该说，历史文献如此这样一种关注并传递重要、关键信息的记录方式方法是恰当的，也符合一般的规律——夏桀失败并逃亡的重要性与影响力毕竟要大于作为夏王朝与国的昆吾人的历史存在，从而也更值得、更需要予以记载或记忆。

虽然史书在昆吾人逃离中原腹心之地以后的出路一事上曾经笔迹漫漶不清，但也不是前途渺茫而不可追踪、考辨。相关文献透露，遭受商汤师旅攻打与迫击的昆吾人有到达今天新疆哈密者。应该说，并不是当时所有的昆吾国（族）人在这个过程中都会辗转迁徙到那里，但即使是其中一部分昆吾人到达今之哈密地区，也是人口迁移、文化交流、历史演变等方面的关键线索与重要事件。联系这个事件，再结合商汤的师旅率先自东而西发动攻击，昆吾与顾、室韦先于夏桀而被击垮，在此之后昆吾人就溃散而逃，直至落脚于遥远的西方的哈密，我们大致能够推测与想象到，在当年，当昆吾人从中原逃出时，最可能是顺着商军的剑指兵锋，也自东向西而去。倘若此论成立，则昆吾人最大可能是经过关中地区、河西走廊，因为这条通道基本是联系中原与哈密的直线，空间距离最短，纵横跨越起来最省力，也最容易快速、高效地脱离商军与商王朝的影响与掌控。

所以,当昆吾在夏桀之前受到商汤的进攻时,其人员与力量最有可能是在边抵抗、边撤退的状态下向西而去,而作为夏王朝的拱卫者与亲密盟友不可能在还未后撤到夏王都(即二里头)就像夏桀后来那样逃往南巢的。昆吾人应该是在西撤到夏王都所在的河洛地区,当夏桀的主力部队也被商军击垮、夏桀被商汤逐逃南巢的前后继续向西前行,并经过关中地区、穿越河西走廊,直到今天的哈密地区。

3600多年前,昆吾人从中原的祖根之地,到达今天的哈密,路途漫漫,必定经历艰难险阻,而且两地直线距离在2500千米以上,依据古代的长度单位来称量和称谓,确是相隔万水千山,彼此遥望达到千万里。因此有人可能会怀疑数千年前发生的昆吾人这样大距离、广空域迁徙事件的真实性。

其实,昆吾人西迁哈密这一事件,不仅有一定的文献记载的基础,而且从中原、关中、甘肃与青海、哈密等地区的若干考古学文化(主要是史前的考古学文化)各自的文化内涵,以及它们彼此之间在一定时空条件下所发生的相互交流与影响等,皆可佐证昆吾人西迁哈密的通道是具备的,而且有若干史事与考古发现也能够证明昆吾人应当自东而来,从而在早期开发了哈密。

从甘青地区及其东西两端若干考古学文化的递次交流关系来看,中原昆吾人早期入哈不仅有可能性,而且有着坚实的考古学基础。

二 与哈密相关的甘青及中原地区若干考古学文化述略

依据文献的记载,中原昆吾国人西迁新疆哈密的事件发生于约公元前1600年,不过参酌作为群体的迁徙通常要比个体行动迟缓、滞后许多的情形,中原昆吾人到达目的地应当是落在公元前1600年之后的一个合理时段内。因此,去找寻那些能够证明昆吾人的确经过河西走廊而迁入哈密的行为线索或痕迹,只能向公元前1600年适当靠后一些的时间里的河西走廊范围内外的相关考古学文化中去努力。如果在这

· 123 ·

个时间段内以及以前的一定时期,那些与从中原地区的河洛盆地出发、继而穿过关中地区与河西走廊而到达哈密的昆吾国人的行动契合的地域之内的所有考古学文化,倘若它们彼此之间有相同或相近的文化因素,发生过不同方向与形式的相互借鉴与交流,直接或间接地产生过联系,从而组织起来或在此之前既已建立一条东西两端能够相通的交往渠道,那么就可以说,当年中原昆吾人西迁哈密不但是有文字记载的,而且也是存在事实基础或历史条件的。

依照这样一种研究思路或证明设想,大致应该把甘肃与青海地区内的符合时间段要求的考古学文化列为重点分析对象,同时还要兼顾河西走廊的两端即哈密地区的考古学文化以及包括关中地区在内的中原地区的考古学文化等。甘青地区的相关考古学文化大约有马家窑文化、齐家文化、四坝文化等,哈密地区的史前文化主要是天山北路文化、焉不拉克文化,中原地区的文化是二里头文化,其他相关的还有客省庄二期文化、安德罗诺沃文化等。

从甘青地区及其东西两端若干考古学文化的递次交流关系来看,中原昆吾族群早期进入哈密确实有着坚实的考古学文化基础。(见图6-1)

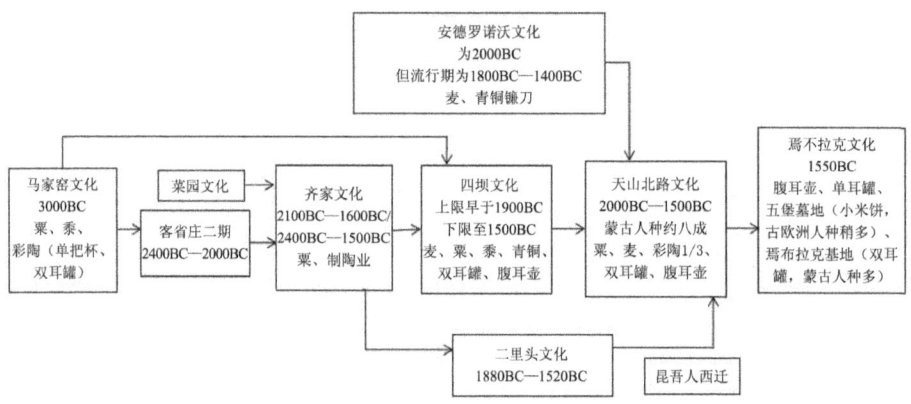

图6-1 若干考古学文化关系略图(单向度)

(一)马家窑文化

马家窑文化是中原地区的仰韶文化向西发展的一种结果,它主要分布在甘肃的陇西平原,其范围东起陇东山地,西至河西走廊与青海东部,北到甘肃北部与宁夏南部,南抵甘南高原与陇南山地①。在时间范围上,该考古学文化距今约为 5000 至 4000 年,譬如几个测年数据是:马家窑一期 3265BC—2910BC、3264BC—2910BC,二期 3100BC,三期 3361BC—3039BC、3616BC—3340BC、3091BC—2788BC,虽然马家窑文化中还有被划分为四、五期的,但缺乏测年数据②,所以也影响到对其文化下限的准确认定。

作为甘青地区一支较早且重要的史前文化,马家窑文化多分布在黄河上游地区的洮河、湟水河、大夏河等流域内,核心区域在甘肃中部。不过马家窑文化在其早、中、晚期的分布有变化:早期主要在甘肃中南部、青海东北部以及河西走廊的东部;中期分布范围向西、向北扩大;晚期则进一步向西扩张,达到河西走廊西端。

存在时间较长、分布较广泛的马家窑文化有马家窑、半山、马厂等类型。其中马厂类型的年代约为公元前 2350 年到公元前 2050 年。马厂类型晚期(即夏代初年或以前),一部分居民带着彩陶技能而西进到今新疆哈密地区,并定居于天山北路③,这说明,或许比昆吾人西迁哈密还早些的时候,甘青地区乃至中原的文化因素已经直接或间接地进到了今哈密地区,人员也一并到了那里,这自然为夏商之际的昆吾人的到来准备了条件,就这点而言,昆吾人辗转到达哈密是有原因的:在他们之前,中原地区的人们及其文化已经能够借助甘青地区与河西走廊的通道而向西看、向西行了。

另外,马家窑文化的人们种植粟、黍等旱地作物,而且它的彩陶制作业在仰韶文化彩陶衰落之后,不仅又延续了几百年,还达到了非常高的发展水平,甚至以其丰富多样的器形以及图案、色彩的变化而享有盛名。马厂类型的彩陶可谓是马家窑文化彩陶发展状况的代表:其陶器以彩陶为突出,但也有红陶和少量的灰陶、白陶;器形与半山类型有很多相似之处,但有发展,新器形主要是单把筒形杯;彩绘用黑、红两色;

---

① 张强禄.马家窑文化与仰韶文化的关系[J].考古,2002(1):48.
② 中国社会科学院考古研究所.中国考古学中碳十四年代数据集 1965—1991[M].北京:文物出版社,1991:281.
③ 李小可.新疆史前时期墓葬葬式试析[D].西安:西北大学,2015:47.

纹饰有波折纹、圆圈纹、菱形纹、编织纹和变体蛙纹等;夹砂陶器多饰附加堆纹,只是条带变粗。早期器物器表打磨光滑,晚期只有个别的经过打磨。马厂类型晚期的双耳罐耳部加长,纹饰用单色,以四大圆圈纹、变体神人纹、波折纹、回形纹、三角纹、菱形纹和编织纹为主。

(二)齐家文化

齐家文化是黄河流域上游一支较重要的考古学文化,时间范围始于公元前3千纪的后半叶,下限则已经进入夏纪年[①]。其重要性不仅表现在其文化内涵的丰富性、分布与覆盖区域的广泛性,时间上也较早,更在于它犹如时段上稍微滞后一点、位于其西侧却又毗邻它与哈密地区的考古学文化的四坝文化那样,在实现中原、关中、甘青地区的相关考古学文化向西运动的过程中,曾发挥了给养或通道作用。

齐家文化的形成比较早,融合了一定数量的地方文化。大约公元前2400年到公元前2200年的时候,接续马家窑文化(其实是以彩陶鼎盛见长的半山类型)而向西推进到陇东南的客省庄二期文化,在甘青地区的青海西北、甘肃中部及河西走廊等区域,与该地域内偏东北方向的菜园文化融合,开始形成齐家文化。而齐家文化早期还吸收了属于狭义的北方地区的老虎山文化的某些因素——诸如带耳小斝与矮体釜形斝及矮体釜形斝式鬲等陶器,以及庙底沟二期晚段、晋南陶寺文化中的玉(石)器因素,这些文化因素皆有别于客省庄二期的文化特征。因此,从老虎山文化、陶寺文化、庙底沟二期晚段等文化因素能够越过关中而直达陇东南的历史情况来判断,有可能在此时期内另外还存在着一条"陕北—陇东"的通道,从而确保了彼此文化的流动或交流、借鉴等[②],也就意味着中原文化因素除借助于关中地区西行、扩散之外,还有一条先北上,继而再西去的渠道,这也是与谭其骧先生主编的历史图册[③]中所标注的应当是在齐家文化形成期之前就已经存在的史前文化分布情

---

① 张忠培.齐家文化研究(下)[J].考古学报,1987(2):158.
② 韩建业.齐家文化的发展演变:文化互动与欧亚背景[J].文物,2019(7):61.
③ 谭其骧.简明中国历史地图集[M].北京:中国地图出版社,1991:3-4.

况相一致的。

在空间范围上,齐家文化在渭河流域、大夏河、洮河流域、湟水流域和河西走廊地区的一定区域内皆有分布①。总体上,齐家文化的分布区域与在它之前的马家窑文化多有重合②。依据发掘报告可知,时间范围自公元前2400年到公元前1500年的齐家文化,不仅有比较发达的制陶业,还种植粟并以之作为主要食物③,其具有东方农业文明的特征非常明显。

另外,其他研究成果还说明,存在时间约为公元前2400年到公元前1500年的齐家文化,不仅曾与客省庄二期文化西进关系密切,还间接受到中亚文化等的影响。这样,当齐家文化扩大自身的影响或辐射范围时,就能把不同的考古学文化区域联结起来,甚至还促成了二里头文化的诞生——只是二里头文化被理解为晚期夏文化而已④。

(三)四坝文化

四坝文化是我国西北地区的一支青铜文化,因1948年首次发现于甘肃山丹的四坝滩而得名,这支文化基本位于甘肃河西走廊的中西部,但在河西走廊的东部偏西等区域也有遗存。四坝文化的主要遗址有玉门火烧沟遗址、瓜州鹰窝树遗址、民乐西灰山遗址,以及酒泉干骨崖遗址等。

依据对四坝文化遗址所进行的多个测年数据可知,四坝文化的上限不晚于公元前1885年,下限不早于公元前1550年,综合而言,四坝文化存在的时间段当处在公元前2000年到公元前1500年间⑤。譬如

---

① 胡金波.齐家文化综合研究[D].开封:河南大学,2019:28.
② 叶舒宪.关于齐家文化的起源:十次玉石之路考察的新认识[J].中原文化研究,2019:5-11.
③ 中国科学院考古研究所甘肃工作队.甘肃永靖大何庄遗址发掘报告[J].考古学报,1974(2):56-57.
④ 韩建业.齐家文化的发展演变:文化互动与欧亚背景[J].文物,2019(7):63.
⑤ 李晓杨.四坝文化再研究[M]//北京联合大学文化遗产保护协会.文化遗产与公众考古(第三辑).2016:16-65.

对干骨崖遗址中的简易葬具材料进行碳十四测年,树轮校正后的年代是公元前1850年到公元前1600年,相当于中原地区的夏代到夏商之际;对火烧沟遗址的木炭或木棒进行碳十四测年,可知该处遗址的延续时间为公元前2000年到公元前1800年①。而对于四坝文化年代范围的上限,也有的认为约是公元前1900年②。

相对于齐家文化,四坝文化中的铜器呈现较普及的态势,数量上多了一些。不过主要是小件饰物、武器。就文化的渊源来说,四坝文化是甘青地区马家窑文化中的马厂类型进一步西扩后本土化的产物,同时也受到了齐家文化的影响③。

四坝文化虽为一支青铜文化,却包含了大量的彩陶内容。典型陶器如腹耳壶、单耳罐、双大耳罐等,在火烧沟遗址还出土有别具一格的人形彩陶罐。从四坝文化彩陶的器形、纹饰等方面来看,其彩陶来自齐家文化,并扩散到哈密地区的天山北路文化等。

经对四坝文化遗址进行考古发掘以及相关科学检测,可知四坝文化时候的主要经济形态是农业,农作物种类有麦类,也有粟黍类。

关于甘青地区的四坝文化与齐家文化之间的年代关系,在它们各自的分期比对中也能够得到佐证,例如,四坝文化的三期约与齐家文化的三期四段相当,而四坝文化四期的时候则是齐家文化的四期五段④,所以两支文化虽有共存期,但齐家文化形成和开始的时间要早于四坝文化。

还有,四坝文化一般被认为是属于羌人的西部支系的文化。这应该是具有一定道理和史实基础的认识。有学者指出,羌人原居甘青地区,与华夏族实则同源异流,早期曾有以炎帝姜姓、治水英雄大禹等为

---

① 李水城.四坝文化研究[M]//苏秉琦.考古学文化论集(三).北京:文物出版社,1993:91,94.

② 中国社会科学院考古研究所.中国考古学中碳十四年代数据集 1965—1991[M].北京:文物出版社,1991:272.

③ 李怀顺,黄兆宏.甘宁青考古八讲[M].兰州:甘肃人民出版社,2008:112.

④ 陈小三.河西走廊及其邻近地区早期青铜时代遗存研究:以齐家、四坝文化为中心[D].长春:吉林大学,2012:144.

代表的羌人,向东迁移,进入中原,建功立业,融入华夏①。羌人不仅参与了早期华夏族的形成与塑造,甚至还直接以某种特定的方式建立了中国历史上第一个世袭的王朝——夏,这种可能性在殷商时代的甲骨文材料里面其实也有着曲折、隐晦的体现。

  殷商甲骨卜辞里面有大量的关于祭祀中牺牲用羌(即杀俘献祭)乃至伐羌等的记载。从中可知商人对羌人的仇视、羌人人数的众多和力量的强大,以及羌人的不屈不挠。羌、商之间为何长期水火不容?比较合理的逻辑与解释应该是,羌人曾参与了早期的华夏族形成及中华国家肇始,商人推翻夏王朝的统治时,尽管进入中原的羌人早已脱戎入夏,但鉴于其所具有的王权被取代者的身份印记,商王及其臣僚以及整个商人群体仍然要对羌人穷追穷打,这样看来,夺得政权、建立商王朝之后的商人对羌人的不依不饶,应该是对夏桀之后裔的警惕的表现。

  倘若四坝文化果真是属于某支羌人的文化,夏末商初之际西迁、经历河西走廊而到达哈密的昆吾人在旅途上必定会获得一定的便利或帮助——他们作为夏王朝的与国、盟友,与羌人具有非常密切的关系,四坝文化的人们不仅会积极推动昆吾人西迁,甚至还存在跟随同行的可能。

(四)二里头文化

  二里头文化可谓是中国考古事业中一支具有重大或全面影响、至今还在持续深入研究与讨论的考古学文化兼历史文化。虽然围绕二里头文化乃至夏文化、夏王朝与早期文明与国家的形成等课题的争论不断,但仍然可以说明,二里头文化是主要分布在晋南、豫西这样的古代中原地区的一种文化。二里头文化的年代范围在公元前1880年到公元前1520年②。尽管二里头文化不完全等于夏文化——无论认为二里头文化是夏文化的晚期还是中期之后的夏文化,但二里头文化在整

---

  ① 高强.羌人与中华民族多元一体格局[J].中华文化论坛,2010(4):43-47.
  ② 夏商周断代工程专家组.夏商周断代工程1996—2000年阶段成果报告:简本[M].北京:世界图书出版公司北京公司,2000:76-77.

体上应属于夏文化还是成立的①。

譬如,关于二里头文化的性质,有学者即认为当是夏中晚期,而夏代早期文化是登封王城岗为代表的河南龙山文化,后羿代夏时期的文化则是新密新砦期,少康中兴到商汤灭夏桀,是以二里头为都城②。

作为夏王朝盟友和诸侯的中原昆吾国人,自身应该带有强烈的夏文化痕迹与特征。既然二里头文化是夏文化中期之后或晚期的部分,那么昆吾人也当曾长期浸淫在二里头文化之中,其人群或许与夏桀王族等禹、姜之后有别,但在文化上当属同一体系。所以,昆吾人西迁史实的澄清、揭露或还原,应该与二里头文化及其西向与若干考古学文化的交流有关系——而实际上也能够发现,二里头文化确与某些位于甘青地区等地方的考古学文化有交流活动。

以二里头为中心的夏人及夏文化至少在东、西两个方向上与其他族群有交流交往,而且状态与方式有别:与东夷族是斗争与冲突,与西方的戎狄则是绥远怀柔,而在此过程中,夏的影响力不断提高,支配范围也得到进一步的扩大。

到商族集团取代夏桀、建立商王朝的时候,引起了可能是中国历史上首次因改朝换代而出现的某些部族或人群的大迁移与大流动。其中即有从古代中原地区而南迁者。而对二里头遗址所出人骨材料进行检验分析,可知其与现代华南的居民颇近似,属蒙古人种,与新石器时代的古中原居民体质特征保持着一致,而这类居民不仅曾在新石器时代广泛分布于黄河中下游地区——例如仰韶文化、大汶口文化、庙底沟二期文化、龙山文化与陶寺文化等范围内,而且直到殷商时期依然是中原地区人群中的绝对多数部分③。

为何二里头遗址中所出人骨材料相近于今之华南地区的某些居民?尽管有蚩尤九黎族北上与炎黄联盟争夺失败后再回返的可能,但考虑到二里头文化遗址是夏中晚期的遗存,就不太可能含有夏王朝建

---

① 张立东,李静,丁福林.第二届"夏文化"国际研讨班纪要[J].华夏考古,2019(4):121-128.

② 李伯谦.二里头类型的文化性质与族属问题[J].文物,1986(6):41-47;李伯谦.博物馆的建成,是中国文化建设过程中的重大事件[N].洛阳日报,2019-10-21(2).

③ 汪永基.寻"夏"二里头[N].新华每日电讯,2019-11-01(11).

立之前的九黎人的遗骨,排除这种因素后,最可能的情况是南方的那些居民与夏桀覆灭时南逃的商王族人有关。这在一定程度也说明,文献记载乃至传说中的人群南向的逃离(即夏桀逃南巢)是有根据、成立的。虽然关于南巢之地目前还有其他说法,但总体上人们还是认可它大约在今安徽巢湖一带。

其实,类似情况更可能会发生在作为夏王朝核心之地的二里头遗址、二里头文化核心覆盖范围的西向上,因为那里恰是商汤部队整体上由东向西攻击的指向。河西走廊、甘青地区等地区内的考古学文化会有一定的二里头文化的因素。

(五)安德罗诺沃文化

在上述所列并初步分析的若干支与主题相关的考古学文化之外,另有客省庄二期文化、安德罗诺沃文化等应当纳入讨论的范围或视野。因为这几支考古学文化也由于时间较早、空间毗邻等关系,而成为探讨昆吾人在夏商更替之际西迁以及东西方向不同区域的文化曾经交流的文化类型。

安德罗诺沃文化是大约在公元前2000年形成于中亚草原地带、西伯利亚西部、乌拉尔南部、叶尼塞河沿岸的一支青铜文化。考古发掘的人骨材料证明,安德罗诺沃居民属欧罗巴人种中的特殊类型。该文化时期最晚到公元前1000年前,持续存在了近千、数百年。生业或经济形态是农牧兼营,放牧牛、马、羊,种植麦类,有青铜镰刀、石锄以及石磨盘、石磨棒,还使用了牛马拉的轮车,手制的平底陶器也是该文化的典型器物,发展了包括青铜在内的矿业[①]。

我国新疆也是安德罗诺沃文化的重要分布区,主要在伊犁地区与准噶尔盆地边缘地带,属于该支文化的遗址和墓地等相对集中,整体呈现自西而东分布的态势。安德罗诺沃文化扩张到新疆应该是在该支文化在中亚出现后过了一段时期之后的事情,多数研究者认为应该是在公元前2千纪的后半段,而这个判断也得到了对新疆安德罗诺沃文

---

① 李琪.略论中亚安德罗诺沃文化[J].西域研究,1996(2):89-92.

遗址与墓地进行碳十四测年相关结果的证明,因为这些数据主要集中在公元前 1900 年到公元前 1000 年之间①。

作为新疆地域内较早就传播进来并在一定时期存在的一支文化,安德罗诺沃文化无疑会与其他考古学文化产生互动、发生联系。譬如,当它沿着天山路继续东进到天山东部(如乌鲁木齐与阜康和吉木萨尔等)的时候,就会对哈密地区的早期考古学文化——例如天山北路文化等——产生文化要素与成分等方面的影响。

(六)客省庄二期文化

客省庄二期文化主要分布在甘肃东部与陕西关中及商洛地区,时期范围约在公元前 2400 年到公元前 2000 年左右②,与齐家文化空间上临近、时间上大体相当③。

前已有述,在时间上跟随马家窑文化半山类型的客省庄二期,当它向西到达并越过甘肃东南的时候,与甘青地区东北方向的菜园文化相遇,遂在甘肃中部及河西走廊、青海西北等范围内形成齐家文化,仅此而言,客省庄二期文化在文化时间的上限方面可能稍微领先于齐家文化一些。

客省庄二期文化的陶器有灰陶、红陶以及极少量的黑陶,其中灰陶占绝大多数,灰陶与红陶中既有泥质陶又有夹砂陶④。

---

① 邵会秋,张文珊.新疆安德罗诺沃文化研究综述[J].西域研究,2019(2):113-121.
② 梁星彭.试论客省庄二期文化[J].考古学报,1994(4):397-424.
③ 姜捷.客省庄二期文化遗存分析[J].史前研究,2002:356-375.
④ 张天恩,刘军社.关于客省庄二期文化几个问题的探讨[J].考古与文物,1995(2):46-55,32.

三 哈密地区两支重要的考古学文化之内涵及其与相关文化的关系

哈密地区在公元前 2000 年到公元前 1500 年的时间范围内,有两支大约前后相继的考古学文化存在其中,一支是天山北路文化,另一支是焉不拉克文化。这两支文化都可能与西迁的昆吾人相遇,而昆吾人也可能会因为自己跨越广大空间的历史实践活动而把东方相关文化的因素带进来,或者推动这些不同的文化之间的相互借鉴和包容吸收。

概言之,通过对哈密这样两支考古学文化内涵的分析,以及它们与甘青地区、中原地区、关中地区等有关考古学文化的比较,或许能够找到显现昆吾人曾西迁哈密的已经沉寂了很久的史实与线索来。

(一)天山北路文化

天山北路文化因新疆哈密天山北路青铜时代的墓地而命名。

天山北路墓地位于哈密火车站南、西河坝上游小河沟西侧的居民区与天山北路路段内。自 1988 年到 1997 年,对天山北路墓地连续进行了多次发掘,共发掘墓葬 700 余座。墓葬密布,打破、叠压关系复杂。出土器物 3000 多件,主要是陶器、骨器、铜器、石器以及珠、贝等,其中青铜器 500 余件。

天山北路文化的分布范围东连甘青地区,西接欧亚草原,存在于公元前 2000—公元前 1500 年,不过也可能存在更晚的遗存①,该考古学文化的下限也可能会到公元前 1200 年②。

天山北路墓地的人群由亚洲人种与欧洲人种构成,其中亚洲人种

---

① 李水城.西北与中原早期冶铜业的区域特征及交互作用[J].考古学报,2005(3):249.

② 潜伟.新疆哈密地区史前时期铜器及其与邻近地区文化的关系[M].北京:知识产权出版社,2006:87.

的数量占近八成,其余约两成为欧洲人种。经线粒体 DNA 分析可知,属于齐家文化的位于青海民和的喇家遗址古人群具有东亚人的遗传性特征,与现代汉族、藏缅语系人群有较近的亲缘关系,而天山北路墓地的古人群在遗传上受到东亚、北亚人群的影响等。① 齐家文化则可能会在一定程度上波及或影响作为天山北路文化中的东方成分的四坝文化,依据齐家文化与四坝文化及天山北路出现的时间先后顺序,也有这种可能性。齐家文化对天山北路文化的间接影响或作用由此可知。这是因为,在公元前 2 千纪范围内曾长期存在的天山北路文化,尽管也可以依据其文化内涵在量上的变化而划分为若干期,但它的一期、二期与甘肃河西走廊的年代范围在公元前 2000 年至公元前 1600 年之间的四坝文化相重叠,加之二者地域临近,彼此的作用或影响便在所难免②。

天山北路墓地所出铜器以刀及饰牌为主,陶器皆为手制,夹砂红陶居多,另有夹砂灰陶。器物类型以双耳罐为主,占半数还多,另有腹耳壶、单耳罐、单耳杯等。陶器中三分之一还多的是彩陶,多是红衣黑彩,纹饰有三角纹、菱格纹、波状纹、网状纹等。

天山北路墓地的一些陶器器形、彩陶纹饰,同样与四坝文化相同或相似,天山北路文化因而被认为是新疆地区青铜时代文化里面与甘青地区同时期考古学文化关系最密切的一种史前文化。而天山北路文化作为新疆东部哈密地区青铜时代最早的文化,其年代相当于中原地区的夏商时期,部分陶器等又与甘肃河西走廊的四坝文化等所出器物相似,因此通过辨析、比对哈密地区天山北路文化与包括四坝文化、二里头文化等在内的甘青地区及中原地区的考古学文化之异同,便有了重大的价值与意义③。

从天山北路墓地所出青铜器的器形上看,天山北路文化与甘青地区的四坝文化也有明显的相似性。例如,蝶形铜牌饰在国内仅见于天

---

① 高诗珠.中国西北地区三个古代人群的线粒体 DNA 研究[D].长春:吉林大学,2009:36,68.
② 潜伟.新疆哈密地区史前时期铜器及其与邻近地区文化的关系[M].北京:知识产权出版社,2006:87.
③ 潜伟.新疆哈密地区史前时期铜器及其与邻近地区文化的关系[M].北京:知识产权出版社,2006:40.

山北路墓地和属于四坝文化的火烧沟遗址,而且天山墓地所出的环首双刃匕也只在火烧沟遗址那里有相同器物,等等。就整体而言,天山北路墓地铜器与河西走廊的铜器有更多的相似性,而与安德罗诺沃文化的关系却较弱。①

天山北路墓地的铜器与陶器,与作为四坝文化晚期的干骨崖墓地所出之同类器物,彼此在材质、类型、制作技术等方面具有较强的相似性;对天山北路墓地不同时段与四坝文化不同时期的各地遗址所出铜器做进一步深入的对比分析,似乎还能够发现一个现象:铜器技术传播呈自东而西的走向——这就意味着四坝文化影响着天山北路墓地的铜器②。

目前,天山北路墓地的考古报告尚未发表。天山北路墓地所出土的某些陶器之器形以及彩陶纹饰等,与四坝文化中相应的物质文化遗存具有明显的相同或相似性,因而可以认定它与甘青地区的考古学文化具有密切关系。从文化形成的渊源上看,天山北路文化既受新疆目前所知较早的青铜文化——中心在阿勒泰地区的切木尔切克文化等的营养供给,也与四坝文化等密切相关——譬如表现在马鞍形石磨盘与彩陶、带倒刺的青铜镞等器物方面③。

公元前 2 千纪上半段,天山北路文化分布在天山东部地区。后来,这种文化分化,哈密盆地出现了焉不拉克文化,在巴里坤地区则形成了南湾类型遗存④。这是天山北路文化大致的时空变迁情况。

(二)焉不拉克文化

焉不拉克文化是新疆哈密地区一支重要的早期铁器时代的考古学

---

① 北京科技大学冶金与材料史研究所,新疆文物考古研究所,哈密地区文物管理所.新疆哈密天山北路墓地出土铜器的初步研究[J].文物,2001(6):87-88.

② 潜伟.新疆哈密地区史前时期铜器及其与邻近地区文化的关系[M].北京:知识产权出版社,2006:98.

③ 郭物.新疆史前晚期社会的考古学研究[M].上海:上海古籍出版社,2012:334-340.

④ 邵会秋.新疆史前时期文化格局的演进及其与周邻地区文化的关系[D].长春:吉林大学,2007:280-282.

文化。典型遗址较多,除焉不拉克墓地外,经过考古调查或发掘的主要有五堡墓地及古城堡、拉甫乔克古代墓葬,以及寒气沟、拜其尔、东黑沟、艾斯克霞尔、艾斯克霞尔南等遗址或遗存。

对五堡墓地的材料进行检测,最早的测年数据是公元前 1350 年,倘若再加上 150 年的允许误差或树轮校正的量值,则距今达 3500 年以上,也就是焉不拉克文化的上限是公元前 1500 年左右。

焉不拉克文化虽然已经进入铁器应用的阶段,但其广泛使用的器物仍有大量陶器、铜器等。焉不拉克墓地中有屈肢葬,还发现了小米饼。

焉不拉克墓葬中除随葬金戒指与金耳坠等金器、较多铜器、大量陶器(夹砂红陶为主)等之外,还在第一期的墓葬中出土有部分铁器,而第一期墓葬的人种主要属于蒙古人种,只是到第二期时欧洲人种呈现增多趋势。墓葬中有数量较多的陶器,以及附近营建有具有相同文化内涵的小城堡等情况说明,当时的人们过上了比较安稳的定居生活。

从陶器类型及其纹饰风格上看,焉不拉克文化与甘青地区的四坝文化及辛店文化具有显著的亲近性,被认为是新疆考古学文化中与甘青地区的古代文化具有很多相同性或相似性的文化类型。例如在焉不拉克墓葬中,单耳豆、双耳罐、腹耳壶等是常见的典型器,彩陶花纹多双钩纹、S 形纹、曲线纹、变形 S 形纹等,这皆与后两种考古学文化即四坝文化和辛店文化具有相似性[1]。

辛店文化的形成不晚于距今 3400 年前,也就是商朝前期,可能是东方的商文化扩张的结果。辛店文化中具有一定的商文化的因素。考古发现也证实,曾被学界认为当属羌戎集团的、具有欧亚草原特色的辛店文化,在其墓葬中确有体现商、周文化特色与重要发明的青铜容器[2]。而羌人与夏人有同源之关系,当商人取代夏桀的统治之后,把具有自身传统的文化因素向西推进到本来与夏人具有紧密关联的羌人生活的范围内——辛店文化圈,也是非常自然的事情,因为只有这样才能

---

[1] 新疆维吾尔自治区文化厅文物处,新疆大学历史系文博干部专修班.新疆哈密焉不拉克墓地[J].考古学报,1989(3):355-358.

[2] 王巍.甘肃古代文化与中华文明的形成[N].光明日报,2013-04-11(11).

证明并意味着商对夏的全面胜利。

从某些典型陶器及其纹饰上看,焉不拉克文化甚至受到早于四坝文化与天山北路文化的甘青地区其他考古学文化的影响。譬如,马家窑文化(其中的半山及马厂类型等)与齐家文化中皆发现许多双耳壶,齐家文化中还有豆,四坝文化与辛店文化都继承了这些文化因素(只是双耳壶演变成腹耳壶)。时间上稍晚于四坝文化与辛店文化的焉不拉克文化的腹耳壶与单耳豆的器形及纹饰,彼此完全相同或相似,而在新疆其他早于焉不拉克文化的考古学文化中却均未曾有过这两种典型器物。焉不拉克文化的人种主要是蒙古人种,而与之相邻、距今约3700年的属于四坝文化的玉门火烧沟遗址同样是蒙古人种,并发现有陶单耳罐、彩陶双耳罐与双腹耳罐等①,巧的是在五堡墓地与焉不拉克墓地中也有单耳罐、腹耳罐、单耳豆等。这说明,四坝文化与辛店文化也是焉不拉克文化形成的重要影响因素,或者说前两支考古学文化催生了焉不拉克文化②。

焉不拉克文化尽管与其西邻的、距今约3800年、在时间因素上因而早于它的孔雀河古墓沟所归属的某种考古学文化具有密切关系③,具体表现在二者在诸如皮、毛、革制品,以及木俑、麦类作物、皮靴与尖帽等物质遗存的相似性或共有性方面,但究竟是否前者由后者发展而来或者承接衍化,只是意味着一种可能性④。而实际上焉不拉克文化与甘青地区的四坝文化以及哈密地区在焉不拉克文化之前的天山北路文化等才更密切一些。

(三)两支文化共同组成哈密地区重要的史前文化体系

尽管现代考古证明,新疆地区(包括哈密)在很早的时期已有人类

---

① 甘肃省文物考古研究所.甘肃玉门火烧沟遗址2005年发掘简报[J].文物,2019(3):5-6.
② 陈戈.略论焉不拉克文化[J].西域研究,1991(1):90-91.
③ 王炳华.孔雀河古墓沟发掘及其初步研究[J].新疆社会科学,1983(1):117-128,130.
④ 陈戈.略论焉不拉克文化[J].西域研究,1991(1):90.

活动并留下若干遗迹、遗存,但在西汉张骞通西域之前,却无文字对之进行记载,因此公元前 200 年之前的新疆历史即当定为史前时期①。这种情况应是对新疆古代史进行研究时所需密切关注之处,而不能以内地历史、考古探索中划分史前期、历史时期的标准作为同一种依据。内地历史由于有甲骨文、金文、简牍文献等很早且成熟的文字以及大量文本的记载,历史时期便非常早,其上限大约从古代国家出现、文明肇始算起;三代之前的漫长社会阶段才因其缺乏文字记录而被定为史前期。不过,由于新疆与甘青地区的历史文化、黄河中下游地区的中原文化等之间确实曾在很早的时候发生过交往交流,因此又需要对它们进行比较分析,所以在论述的时候还需要把新疆地区(如哈密)的史前期的考古学文化与河西走廊、内地的诸如夏文化在内的历史时期的文化以及之前的相关考古学文化放在一起进行讨论。

通过前述内容可知,尽管在哈密这块土地上(主要是核心区域)先后曾有天山北路文化、焉不拉克文化,但这两支文化其实又有不少的共性。实际上,它们可能共同组成了哈密地区的史前文化体系中的主要部分——这尤其表现在两支文化所占据的时间长度以及文化的影响力等方面。

焉不拉克墓地的年代上限与天山北路墓地的年代下限相重叠,所出铜器的材质成分或元素含量、器物类型等皆有较多相似性——如环首刀、双翼铜镞、圆形带孔铜牌饰、铜管,以及兼有砷铜与锡青铜等②,因此天山北路文化与焉不拉克文化不仅曾前后相继地存在于哈密地区这样同一块土地上,而且后者受到了前者较多的影响,接受了其数量上不菲的文化成分与要素供养。

焉不拉克文化的主要来源是甘青地区的四坝文化,但在焉不拉克文化形成的过程中,天山北路文化发挥了参与作用,具体说就是:公元前 1550 年前后,河西走廊的四坝文化解体,其中的鼓腹壶、豆、单把罐等文化因素西进到哈密盆地,与天山北路文化的某些文化因素(如葬

---

① 肖小勇.关于新疆史前研究的讨论[J].西域研究,2004(2):74-75.
② 潜伟.新疆哈密地区史前时期铜器及其与邻近地区文化的关系[M].北京:知识产权出版社,2006:108.

俗)相遇,彼此吸收、融合,形成焉不拉克文化。前面已述,这种文化遗存除焉不拉克墓地外,还有寒气沟、艾斯克霞尔、东黑沟、拜其尔、艾斯克霞尔南、拉甫乔克等遗址与遗存。从这些遗存可知,焉不拉克文化主要分布在哈密地区①,而这里恰是之前的天山北路文化所在地。

从居民的人种学特征上看,焉不拉克文化虽兼有蒙古人种与欧罗巴人种,且蒙古人种整体上居多,但这种文化的古代居民所分别拥有的各自的人种学特征并不典型,表现出一定程度的"过渡状态"。这应当是焉不拉克文化在形成过程中,由其文化渊源即天山北路文化与甘青地区的考古学文化共同作用或融合的直接体现。②

天山北路墓地所见文化遗存,既有与五堡墓地、焉不拉克墓地等相似之处,也有不同的地方。相同处如:土坑竖穴土坯墓,侧身屈肢葬的葬式,等等。然而,不同之处也很明显,如出土陶器差异较大,彩陶纹饰不同,部分墓制与葬式有变化,而且焉不拉克墓地出土有少量铁器,因此天山北路墓地年代的上限要早于五堡墓地年代,下限略早于或相当于焉不拉克墓地下限。③

天山北路文化与焉不拉克文化这两种考古学文化在哈密这块土地上曾前后相继,共同组成了哈密地区史前文化体系的重要部分,并有可能在分期、分段之外作为一个区域文化整体,与其他文化进行交流来往——譬如与属于甘青地区和中原地区各自的史前与历史时期的文化产生过互动。

---

① 任瑞波.试论焉不拉克文化的分期、年代和源流[M]//教育部人文社会科学重点研究基地吉林大学边疆考古研究中心边疆考古与中国文化认同协同创新中心.边疆考古研究:第22辑.北京:科学出版社,2017:125-140.
② 魏东.新疆焉不拉克文化古代居民人种学研究[M]//教育部人文社会科学重点研究基地吉林大学边疆考古研究中心.边疆考古研究:第8辑.北京:科学出版社,2009:325.
③ 常喜恩.哈密市雅满苏矿、林场办事处古代墓葬[M]//中国考古学会.中国考古学年鉴 1989.北京:文物出版社,1990:274-275.

四　哈密与甘青及中原地区的考古学文化的交流互动

哈密地区拥有能够自成体系的由青铜文化与早期铁器文化组成的史前文化，其内容即天山北路文化与焉不拉克文化。是否今后还会发现并能够命名的其他文化类型，目前还不能回答。

甘青地区存在大量的史前文化——尤其是河西走廊这一大通道所在的甘肃省自是考古学文化乃至历史文化积淀厚重的地方。这里较值得关注的考古学文化有马家窑文化、齐家文化、四坝文化，以及从关中地区适当扩散而到达的客省庄二期文化等等。

在大约相当时段内，又与甘青地区及哈密地区上列文化有关系的中原地区的考古学与历史时期的文化，主要是涵盖二里头文化的夏文化，以及以彩陶见长的仰韶文化，与探索和揭示早期国家形成和文明肇始等伟大事件相关联的庙底沟二期、河南龙山晚段、新砦期等。

前述这些文化之间，尽管分布空间、存在时间有一定或较大差异，然而把它们连接起来，却发现彼此可能存在着交流交往或替代更迭，自是一条东西贯通的文化链条。从中原腹地到西北哈密的联络，其实在很早的时候就是存在、畅通的。而这种历史时空框架，为中原昆吾人西迁提供或预备了历史场域和渠道。

（一）彩陶一路西去

中国拥有自源性的彩陶文化。这在近现代中外学者的辨析和长期的考古研究中已经被证明是不可易动的史实与定论。大体而言，早期的中原地区的彩陶文化曾向西北方向扩散，直至达到哈密等地方。

安特生早年曾依据当时有限的考古材料认为，中原地区的仰韶彩陶是西来的，然而在进一步研究与考古发现、揭示的基础上，不仅否定了安氏的假说，而且更多的中国学者——例如贾兰坡与苏秉琦和严文明诸多先生——还坚定了中原地区的彩陶文化"西渐说"①,也就是中原地区的彩陶通过有利的东西向的交通渠道、借助于一定的相关联的考古学文化,实现了它自东向西的扩张与传播。

概而论之,有这么一些史实值得关注或铭记:

首先,中原彩陶文化与河西走廊的甘肃地区的彩陶文化有渊源关系,这在马家窑文化、齐家文化、四坝文化等考古学文化上皆有体现,并一直延续到天山北路文化等新疆东部的青铜文化。

其次,关于这个彩陶文化传播的源流与方向问题,严文明先生曾经进行过论述:公元前5000多年前——也即距今7000多年前的时候,在黄河流域的中原地区,彩陶伴随农业生产而出现,并在农业部落的地域向外扩大的进程中,彩陶逐渐向西扩散、传播,约在公元前4000年的时候达到河西走廊东端与陇西,经过马家窑文化、齐家文化、四坝文化等阶段,于公元前1500年前后达到河西走廊的最西段②,而哈密地区与吐鲁番盆地等新疆东部的地方首先接触并接受了毗邻地方的彩陶——如四坝文化的彩陶等。由于有这样一个彩陶自东至西的传播事实的存在,那么在考古发现中所揭露的青铜时代与早期铁器时代(天山北路文化与焉不拉克文化)哈密地区何以会占有全疆区域内相对更为密集的彩陶遗存,它的原因也就自然清楚、明白了。

虽然在新疆的天山北麓与南麓、昆仑山北麓以及东疆等区域皆有彩陶遗存,但西部地区的彩陶遗存从时间上看,要晚于东部地区的彩陶遗存,原因是新疆地区的彩陶从河西走廊传入③。新疆区域内的彩陶呈现出东早西晚现象,也旁证了彩陶西渐之说的正确性。

由其遗留和出土数量较多、与古代主体社会生活的联系程度较高等质素所决定,陶器材料或分析工具在考古研究中占据重要地位,尽管它不像金石玉器等文物那样弥足珍贵,却能够发挥不可替代的作用。尤其是陶器在种类、形制、制作技巧与方法等方面的变化,往往能够说

---

① 丁见祥.马家窑文化的分期、分布、来源及其与周边文化的关系[M]//北京大学中国考古学研究中心,北京大学震旦古代文明研究中心.古代文明:第8卷.北京:文物出版社,2010:36-87.

② 严文明.甘肃彩陶的源流[J].文物,1978(10):62-76.

③ 陈戈.略论新疆的彩陶[J].新疆社会科学,1982(2):99-100.

明包括文化交流、区际传承等很多问题。

仰韶文化等自是中原彩陶文化的代表,但鉴于该种考古学文化中的彩陶之发生或存在时限远远早于夏商更替之后才传到新疆的彩陶,所以不宜以中原仰韶文化甚至中原龙山文化中的彩陶与天山北路文化、焉不拉克文化以及马家窑文化、齐家文化、四坝文化等文化中的彩陶进行对比。比较简便和合理的中原地区的彩陶标本当以夏朝王畿地区的彩陶为准,这是因为夏代开始于公元前 2070 年,而由前述引文已知,彩陶向西传播到河西走廊的最西端发生在公元前 1500 年前后,由之可知今天哈密地区的天山北路文化与焉不拉克文化中的彩陶与夏代中原区域的彩陶在形制、种类方面当有较多的承继关系或相似性。相关实证分析则给出了证明:自公元前两千纪,已经迈入夏王朝国家与文明门槛的中原开始了文化的外向扩散,包括彩陶等文化要素在内的夏文化乃至客省庄二期晚段文化、齐家文化等由东向西展开,在持续的文化扩张和族群迁徙的大背景下,逐渐诞生了包含天山北路文化、焉不拉克文化在内的西部地区的彩陶文化[①]。天山北路文化、焉不拉克文化中的彩陶自然会承受中原二里头夏文化的深刻影响。

目前,各地文博事业陆续展开,呈现蓬勃发展的态势,博物馆成为公共文化事业的重要组成部分,博物馆建设成为当代众多城市的文化地标。我们随机选择哈密市文博院收藏的属于天山北路文化中的典型陶器双耳彩陶罐以及考古报告中提及的焉不拉克墓地出土的双耳彩陶罐,与河南偃师二里头夏都遗址所出的相关器物进行粗略比对,便能够大略从陶器的形制等方面发现二者确实存在接受、继承以及一定的发展、创新等关系,即哈密地区的古代彩陶来自中原地区。

20 世纪 70 年代在二里头遗址所进行的考古发掘中,出土了大量的陶器,种类有陶罐、陶鼎、陶簋、陶鬲、陶甑、陶豆、陶尊、陶缸、陶壶、陶瓮、陶盉等。相反,包括哈密天山北路文化与焉不拉克文化在内的西北地区数支考古学文化中的陶器的种类一般都比较有限,这也从器形种类的多寡的角度证明了彩陶当是自东而西的扩散方向或趋势。

其中,二里头夏都宫殿遗址中出土的一类圆腹罐,器形特征是:有

---

① 任瑞波.西北地区彩陶文化研究[D].长春:吉林大学,2016:422-423.

颈而束，唇沿外侈且压花边，罐腹圆形，附有对称的双耳。而这种圆腹罐与哈密市文博院作为珍品收藏的出土于天山北路文化墓地中的双耳彩陶罐以及焉不拉克墓地所出的可作为焉不拉克文化典型陶器的双耳彩陶罐在主要特征方面是相同的。譬如焉不拉克墓地出土的双耳彩陶罐是：颈短，口沿微侈，球形腹，颈肩部或肩部附有双耳。这种特征与二里头夏都遗址所出土的圆腹罐非常近似。夏文化与天山北路文化、焉不拉克文化中的陶罐在外观上的相似性可参见二里头夏都遗址圆腹罐（见图6-2、图6-3）、哈密市文博院藏天山北路文化双耳彩陶罐（见图6-4）与焉不拉克墓地所出双耳彩陶罐（见图6-5）之比较①。

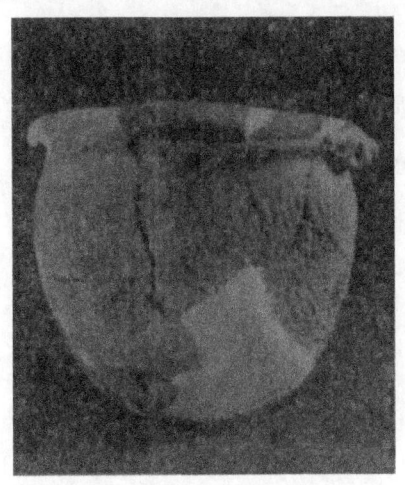

图6-2　二里头夏都遗址圆腹罐1(VM51:1)

众所周知，河南偃师二里头是夏代中晚期的都城，这里的圆腹罐和天山北路墓地以及焉不拉克墓地中的双耳彩陶罐相似，能够从一个非常具体的陶器种类的角度证明，彩陶是一个有效的线索，它把二里头文化与哈密地区的青铜文化乃至早期铁器文化联系了起来，而且哈密地区的彩陶于公元前1500年后出现，这个时间节点又与昆吾族群的进入相同，昆吾族本来善于陶冶（即是制陶和青铜冶铸的高手），那么由他们

---

① 中国科学院考古研究所二里头工作队.河南偃师二里头早商宫殿遗址发掘简报[J].考古,1974(4):242-246;新疆维吾尔自治区文化厅文物处,新疆大学历史系文博干部专修班.新疆哈密焉不拉克墓地[J].考古学报,1989(3):342-343;双耳彩陶罐[EB/OL].(2021-02-02)[2021-12-28].http://www.october3d.net/3d/hami-bowuguan/37.html.

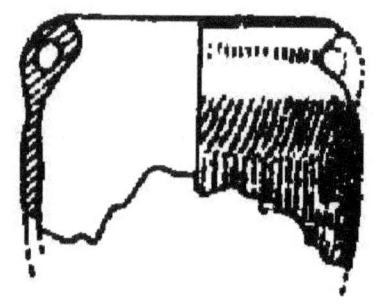

图 6-3 二里头夏都遗址圆腹罐 2（VM66:20）

图 6-4 哈密市文博院藏天山北路文化双耳彩陶罐（天山北路墓地出土）

把古代中原地区的彩陶制作技能带到哈密，或者经过他们的努力而提升了彩陶制作技艺、进一步推广了彩陶的使用领域空间，概率是非常高的。

中国彩陶具有自源性，中国西北地区（包括甘青地区与新疆地区在内）的彩陶是从东部的中原地区传去的。昆吾族群在这个文化因素的扩散与传播过程中，应当发挥了值得铭记的作用。

图 6-5 焉不拉克文化典型陶器——双耳彩陶罐（焉不拉克墓地出土）

（二）青铜技艺存在逆向西行的可能

关于中国的青铜之渊源，是中外文化交流史上一个重要的课题，也是与中华文明起源息息相关的关键性问题，因为不少人都把青铜器、都邑、文字等作为文明的标志或外在表现特征，这样就造成一种情势：当某一个地方或族群的社会文化发展具备这些要件时，便可以认定已经迈进了文明的门槛。当然，这把界定文明的标尺也存在一定的不足或缺陷，譬如面对玛雅文明与中华文明等，用这个预设的，或者是从有限的西方文明史的个案研究中概括出来的文明准绳去衡量的话，便能够发现它有不适宜的地方——中华文明尤其突出的礼制的特点就为这个尺度所忽略。不过，为了进行横向比较，我们也不能无视这种关于文明界定的依据的合理使用。所以，讨论中国的青铜文化的肇始、来源，也自有原因与道理。在这个事情上，有一种认识，即中国青铜文化是从西方传入的。然而，通过比较甘青地区与新疆地区乃至国内其他地方的考古学文化，这种判断也未必无懈可击。

过去的认识是：公元前 5 千纪到公元前 4 千纪的时候，在中亚既已存在一个伊朗-土库曼冶金文化圈。公元前 3 千纪，这种青铜文化与源于西亚、近东的小麦传入我国新疆，而同时或稍晚传入新疆及内地的还有西亚的土坯建筑技术。公元前 3 千纪的下段，促成青铜文化东进的吐火罗人到达罗布泊地区，他们创造了小河文化，而与之同时或稍后，他们再继续东进到哈密，与自河西走廊而来的四坝文化、马家窑文化相遇，创造了当时中国最发达的青铜文化，并以哈密为中心向外扩散，包括对四坝文化、齐家文化、朱开沟文化乃至二里头文化施加影响。欧亚大陆早期青铜文化总体是单方向的、由西向东发展的。中国新石器时代晚期——龙山时代所出现的零星铜器（约公元前3千纪下半叶）并没有成为后来发展起来的中国青铜文化的源头。[①]

然而，对于青铜技术是否自西向东传播到四坝文化，继而再逐次影响、波及中原地区的二里头文化，也有不同认识，这是因为截至当前还缺乏处在中间环节的新疆地区大量青铜器的有力支撑，青铜西来乃至进入河西走廊、中原地区的中间线索还是空白，再结合四坝文化之前的马家窑文化中已有红铜与个别的青铜制品等，是否真如那些中外冶金史或历史考古学者那样所主张的青铜技术西来说，还当存疑[②]。

有证据支持甘肃青铜器是独立起源的，非由中亚传来。理由为：在属于马家窑文化的甘肃东乡族自治县林家遗址与永登县蒋家坪遗址中都出土了铜刀（系红铜材质）；而当中亚地区大规模使用锡青铜的同时期，属于齐家文化的永靖县秦魏家与广河县齐家坪也出现了较多的青铜器（包括锡青铜）；在四坝文化遗址的玉门火烧沟、酒泉干骨崖所出土的青铜器也不晚于西方盛行青铜器的时期。齐家文化的年代是公元前2100年至公元前1600年，四坝文化是公元前2000年至公元前1500年，安德罗诺沃文化出现于约公元前2000年的中亚草原地区，但这种文化的繁荣期是公元前1800年至公元前1400年[③]，因此从时间先后的角度看，河西走廊的青铜器在当时倘若受到安德罗诺沃文化的影响，也应该是在齐家文化与四坝文化形成之后的二三百年之后的事情了，仍然难以掩盖齐家文化、四坝文化中早已有青铜的事实。

退一步讲，即使最早的青铜技术从中亚传入，但当中国境内——诸

---

① 刘学堂,李文瑛.中国早期青铜文化的起源及其相关问题新探[M]//四川大学中国藏学研究所.藏学学刊:第3辑.成都:四川大学出版社,2007:60-62.
② 李水城,水涛.四坝文化铜器研究[J].文物,2000(3):36-44.
③ 邵会秋.《印度-伊朗人的起源》评介[M]//教育部人文社会科学重点研究基地吉林大学边疆考古研究中心.边疆考古研究:第16辑.北京:科学出版社,2014:365-377.

如甘青地区与中原地区的青铜文化获得发展后,也可能会反过来对西部的青铜文化区域有所影响。

譬如,我国境内目前在三大区域发现了青铜牌饰(包括镶嵌绿松石与未镶嵌绿松石两类),即新疆哈密地区、四川盆地、洛阳盆地。新疆哈密地区的牌饰是未镶嵌绿松石的牌饰,四川盆地兼有镶嵌绿松石与未镶嵌绿松石的牌饰,洛阳盆地的二里头遗址是镶嵌绿松石的牌饰。从纹饰、穿系等特征分析,能够发现二里头遗址的牌饰或许与西北地区的联系更密切,它像环首刀、花边罐那样的文化因素一样,应来自西北地区。[①] 但在天山北路墓地出土的牌饰中虽有体现当地文化因素的镂空型,较多的却是圆形牌饰,另有少量蝶形牌饰,而其中的圆形与蝶形牌饰应当是受到了四坝文化的影响[②],而四坝文化及齐家文化中的青铜冶炼曾被认为是由哈密地区传播过来的。

所以,尽管难以排除青铜冶炼技术的传播整体上是自西而东[③],但甘青地区、新疆东部乃至中原地区等不同的考古学文化彼此之间也可能会在各自进入青铜时代之后,在进一步发展与提高的基础上,而出现逆向影响或作用于包括哈密地区在内的曾从之输入、经过之地的青铜文化的情形。

(三)西北文化对关中和中原地区文化的影响

阐述彩陶文化西传与内地发展起来的青铜文化逆势西行,并不是要掩盖甘青地区、包括哈密在内的新疆地区的考古学文化曾经对中原、关中等东部和内地文化的营养供给。实际上,西北地区的文化在中华文明的形成,乃至早期国家出现的进程中,也发挥了重要的作用,推动了社会历史的进步。东西部不同考古学文化或者考古学文化与历史文化之间的交流从来都是双向、互动的。

公元前2千纪前期,在中亚北部草原与新疆北部地区的青铜文化

---

① 陈小三.试论镶嵌绿松石牌饰的起源[J].考古与文物,2013(5):91-100.
② 章璐.新疆青铜时代至早期铁器时代牌饰研究[D].南京:南京大学,2019:48-52.
③ 刘学堂,李文瑛.史前"青铜之路"与中原文明[J].新疆师范大学学报(哲学社会科学版),2014,35(2):79-88.

时代的中期,是安德罗诺沃文化。齐家文化在公元前1900年到公元前1500年(也就是其晚期)时,受到来自西部的安德罗诺沃文化的较大影响,而在这其中,与齐家文化临近的、在其西侧的四坝文化发挥了传递作用,成为齐家文化吸收一定量的安德罗诺沃文化要素的中间传播环节。齐家文化晚期的秦魏家类型变为辛店文化和卡约文化,磨沟类型变为寺洼文化,而老牛坡类型则融于二里头文化(中晚期或晚期夏文化)当中[1],如此说来,一定的齐家文化因素确也向东渗透、扩展到中原夏文化体系里面了。二里头文化里面有来自西方的文化因素不仅由此成立,而且在考古学上也能够找到证据。

齐家文化晚期东扩到关中地区东部和商洛一带,邻近中原地区,对中原地区同时期的考古学文化自会产生影响。譬如,在花边罐这样一种陶器纹饰或形制上就体现得比较显著。

花边罐(全称是"花边口圆腹罐")这种器形,在二里头文化之前的中原地区并没有出现,只是在二里头文化一期时才萌芽,到二期时发展至繁荣,三期时衰退,四期时逐渐消亡。由于在二里头文化范围内的很多区域都发现了花边罐,因此这种器形被认为是二里头文化陶器组合中的核心之一,甚至成为甄别、考辨二里头文化的标型器。尽管花边罐有如此重要的功能或作用,但它可能是贯通西北与中原相关考古学文化的使者,具体来说就是,中原地区二里头文化中的花边罐来自西北地区的考古学文化,承载着早期不同区域考古学文化相互联系的信息。这是因为,在稍早于二里头文化或与之同时期的西北乃至关中地区的若干考古学文化(如齐家文化与客省庄文化等)中已经有了花边罐,大约是距今4000年前,齐家文化等向东扩张到关中地区的东部,与向西推进的二里头文化相逢,其中的花边罐被后者所接受并适度改造与创新[2]。之前的中原地区基本不出花边罐,花边罐却普遍流行于老虎山文化、菜园文化、客省庄二期文化和齐家文化,后来的中原二里头文化中的花边罐应当是经过新砦期而由齐家文化带入的。

另外,二里头文化中的青铜器如环首刀、戚等,尽管不排除由北方

---

[1] 韩建业.齐家文化的发展演变:文化互动与欧亚背景[J].文物,2019(7):63.
[2] 白梅.二里头文化花边口圆腹罐初步研究[D].西安:陕西师范大学,2016:摘要.

草原而渗入,但也有可能是与花边罐一起来自齐家文化。

当然,二里头文化肇始、形成、勃兴后,它的文化要素或某些文化特征又会反向传播到陇东,例证是管状流盉(二里头文化中颇具特色的陶礼器);天水市区等出土的镶嵌绿松石的青铜牌饰等,也应当是二里头文化在变得强大之后再向西扩散的结果①。

而从动植物考古、冶金考古、玉器、卜骨、墓葬等方面进行比较分析,也可以发现齐家文化与二里头文化之间有着一定的同质性,它们不仅在时、空两个因素上接近,性质也大同小异②。

齐家文化中晚期与二里头文化大致相当。依据考古发现所揭示的各自的文化内涵与特征来分析,两种文化存在交流的可能。而它们相逢交融、彼此借鉴的地方是关中地区,具体结晶或体现是东龙山类遗存等。在齐家文化与二里头文化双向交流与彼此互动的过程中,花边口沿圆腹罐由西北传入二里头文化,同时促进了二里头青铜业的崛起;另外,二里头文化中的绿松石铜牌饰、牙璋等礼制器物与文明也向西挺进。③

主要借助于河西走廊的通道,在多支考古学文化(也包括诸如夏文化等这样少量的历史文化)相互交流、彼此互动中,它们之间建立了直接或间接的联系,整体上自东向西扩散,但也出现过某些文化要素从西向东而来。在这种宏大的时空格局下,中原与哈密建立起了能够跨越千山万水的文化联系。

五 史前时期哈密地区与中原直接来往的证明

目前,依据文献可知,昆吾人西迁可能是最早的中原地区的人群、文化与新疆哈密地区之间所发生的直接来往了。但对于该件史实,尽

---

① 韩建业.齐家文化的发展演变:文化互动与欧亚背景[J].文物,2019(7):63.
② 易华.齐家华夏说[M].兰州:甘肃人民出版社,2015:1.
③ 庞小霞,王丽玲.齐家文化与二里头文化交流探析[J].中原文物,2019(4):89-98.

管有包括著名专家、学者在内的不少人给出了方向性指示,但鉴于详细、具体的论证尚未及时跟进与提供,造成支撑基础的薄弱,导致了对此结论的一定程度,也是正当合理的质疑。为了加强昆吾人确实在约距今3600年前的时段内从中原地区西迁到哈密这一事件的认识,以下将围绕两个话题而展开论述:天山北路墓地与焉不拉克墓地中的蒙古人种遗骨是否与出自中原地区的昆吾人相关?在哈密青铜时代与早期铁器时代所出现或流行的粟作难道与西迁的昆吾人毫不相关吗?

(一)从人骨材料看昆吾人早期进入哈密的可能性

在文献记载之外,欲证实公元前3600年前后中原昆吾人西迁哈密的史实,最有力、最有效、最直接的办法是:把已确定的出自中原地区的昆吾人的人骨与大致这个时段内的、出自哈密地区的古代人骨材料(蒙古人种)进行体质人类学与其他成分方面的检测比对,通过在两者之间建立直线联系,甄别彼此之异同。就此而言,该方法将会具有一锤定音的最佳效果,也必定能够排斥任何质疑和推测。

然而,夏史研究以及新疆地域内和甘青地区乃至关中地区早期历史研究的特点,注定这种看似科学却不太可能的设想难以实现,主要原因在于,待检测的人骨材料与进行比对的人骨材料的族属都不是很明确,都存在人骨遗留者的身份几乎难以精准确定的问题。

譬如,殷商故地确实出土了很多人骨材料,而且还能够区别是奴隶还是王族等不同的社会地位与身份。但这种情况在夏代历史等研究那里至少目前还不可同日而语。二里头遗址中虽然发现了人骨材料,然而好像还无法识别出是否为昆吾人所遗留——实际上可能性会有,但概率不会太大。尽管昆吾人由于具有同夏王族同盟的关系——甚至是同源异流这样一种情况,但毕竟他们在群体属性上不同。因此,讨论这个问题,依然需要坚持考古材料与文献记载相结合的二重证据兼用的方法,就是研判一下哈密地区所出青铜时代与早期铁器时代的蒙古人种的人骨,分析它与文献记载的、在该文化存续期间西来的昆吾人相吻合的可能性有无及有多大。

首先,需要审视一下焉不拉克文化遗址及天山北路文化中的人骨材料情况。

1986年夏,新疆文物考古研究所、上海自然博物馆人类学部联合对哈密五堡的百余座古墓进行考察和发掘,获得了大量3200多年前的人骨材料及其他文物资料。研究发现,这批古代人骨材料(主体是中青年及壮年)分属于东、西方两大人种,既有蒙古人,也有欧洲人,而欧洲人种的数量要多一些。这批材料对于揭示、确定新疆东部地区相关时段居民的种族属性,分析、探讨本地区早期人群同周围地区以及其他外来人群之间的交流和交融等种族人类学关系,提供了有益帮助。在这批材料中,蒙古人种与现代藏族中的主体即位于今西藏东部与川西地区的B组以及华北组等支系最为亲近;即使是那些具有欧洲人种属性的古人类头骨,也发现其与均含有欧洲人种成分的哈密焉不拉克墓地(C组)、乌鲁木齐南阿拉沟墓地、和静察吾乎沟四号墓地、洛浦山普拉墓地所出材料密切,而与域外(如中亚等地区)的诸多考古中所出古人类材料区别明显。也就是说,哈密五堡古墓中的那些欧洲人种与典型的欧洲人种差异较大,而与新疆域内其他地方所出的古欧洲人种更接近一些,同苏联境内等地方考古中所发现的古欧洲人在类型方面有较清晰的界限。①

这样,五堡古墓中的古代蒙古人的遗骨材料,便存在这种可能性:不排除其中会有公元前1600年前后于夏末商初之际辗转而西迁到哈密的昆吾人。这是因为,昆吾人作为一个族群或族团的较大群体,逃离属于夏王朝腹心之地的中原地区,跨越千万里的路程而到达今天的哈密,依赖当时的交通方式和凭借当时的迁徙能力,不可能是短期内就完成的事情,他们必定经历了一个漫长的过程或时期。而从距今3600年前到3200多年前的大约三四百年的时限内完成这样长距离的迁徙,并随后在哈密(首先是五堡及其附近)定居、繁衍下来,看来是比较合理的。

另外,五堡墓地测年中,最早的数据是编号为78hwm101的公元前

---

① 何惠琴,徐永庆.新疆哈密五堡古代人类颅骨测量的种族研究[J].人类学学报,2002,21(2):102-110.

1350年，校正年是3300±150年前①，距今约为3490年。倘若以之为起点算，则这个时间点在上接昆吾人西迁之始的公元前1600年前后也就100余年，倘若再考虑昆吾人在迁徙路途上的时间耗用或行动滞后期，则在商汤灭夏桀百余年后的这个时间段内，因军事方面失利的昆吾族群在横跨数千里而自东向西到达今之哈密，更是最有可能的。

与五堡古墓地同属于焉不拉克文化的焉不拉克墓地所出的人骨材料中，蒙古人种的比例上升，这种情形的存在无疑说明蒙古人种力量的增强。是否与昆吾人的迁入相关？尽管难以确证，但同样有这种可能性，也就是在昆吾人进入哈密之前，该地域内已有蒙古人种了，但昆吾人来到后，通过人口迁入的机械方式以及通过后续繁衍的有机方式，提升了哈密地区在那个时间段内的蒙古人种的数量，从而造成焉不拉克墓葬中蒙古人种材料的数量得以提高的结果。

焉不拉克古墓地与五堡古墓地近在咫尺（30多公里），依据^{14}C测年数据可知，焉不拉克墓葬的出现不晚于公元前1300年，也即它的最早形成时间距今已3300多年了②，鉴于它在人类体质学的特征上与五堡古墓葬所出相关材料的接近性、时间因素上又具有的几乎共时性的特征，焉不拉克墓地当是哈密地区与五堡墓地具有同一种属性的考古学文化，而且焉不拉克古墓中蒙古人种占多数③，显示了这种文化所具有的更多的东方性特征。

仅从人种属性角度来看，作为一种早期铁器时代文化的焉不拉克文化，其文化特征虽与其西部的新疆区域其他相关考古学文化有一定的关联，但在许多方面与其东部的甘青地区的考古学文化更有着相似性。

焉不拉克第一期墓的基本葬式是右侧屈肢葬，而且主要是蒙古人

---

① 中国社会科学院考古研究所.中国考古学中碳十四年代数据集 1965—1981[M].北京：文物出版社，1983：153.
② 陈戈.略论焉不拉克文化[J].西域研究，1991(1)：84.
③ 韩康信.新疆哈密焉不拉克古墓人骨种系成分研究[J].考古学报，1990(3)：371-390.

种,这些葬式的头向东南①。尽管从目前的研究来看,屈肢葬在整体上并不与任何中外考古学文化或历史文化的族属有必然的联系或对应关系,但焉不拉克一期墓中的屈肢葬(其他后期的也是屈肢葬)的头向东南的现象,却可能暗含着一定的历史信息:是埋葬者或被埋葬者某种寄托或思念的表达。这是因为,梳理哈密地区考古学文化以及甘青地区齐家文化与中原夏文化的考古材料,可知天山北路墓地、齐家文化大何遗址、辛店文化姬家川遗址以及二里头文化遗址中皆有屈肢葬,显示着这些文化彼此间一定程度的相似性,而焉不拉克一期墓葬中的头向东南,也许有另外一层含义:对族源方向的恒久向往。

其实,在五堡墓地、焉不拉克墓地之外,天山北路墓地中也有蒙古人种的骨骼,而且蒙古人种的比例还较高——天山北路墓地占了总数的约八成。由于在文化存续时限上提供了机遇期、窗口期,天山北路墓地中的蒙古人种的来源也存在如上分析的类似情况或可能性,但为求简洁,不再赘述。

总之,从五堡古墓地、焉不拉克墓地以及在尸骨的葬入时间上可能还会早于前二者的天山北路墓地等处皆有蒙古人种的情况来看,至少在公元前1600年前后的时段内,确实存在着东部的蒙古人种来到哈密的史实,而在这其中,中原地区的昆吾国人参与进来是目前所知最具可能性的情况——甚至不排除上述三处古墓地出土的蒙古人种之尸骨里有相当高的比例为当时西迁的中原昆吾人所遗留。因为通过以上分析可知,在天山北路文化的时间下限与焉不拉克文化的时间上限相互衔接、重叠的时候(即焉不拉克文化在哈密地区取代天山北路文化之时),应该是在刚过公元前1600年之后不久的时间范围,而目前所知除昆吾人因为战争失利而自东向西来到这里之外,尚不知还有其他古代族群在当时或之前因自然的、生态的、政治的、军事的、社会的、人口的等原因而曾经发生过向西迁徙的事情。就此而言,天山北路墓地晚时段范围内与五堡古墓地以及焉不拉克墓地内所出的蒙古人种,似乎只能属于西迁的昆吾人了。

---

① 新疆维吾尔自治区文化厅文物处,新疆大学历史系文博干部专修班.新疆哈密焉不拉克墓地[J].考古学报,1989(3):329.

由此可知,属于蒙古人种的中原昆吾人在很早的时期就进入哈密,并以特定的历史实践活动推动了区域的开发与建设。

对哈密的历史地理等情况的发展或沿革进行了系统梳理且准确记载的文献当数唐籍《元和郡县图志》。该书第40卷《陇右道下·伊州》曰:"伊州,伊吾……《禹贡》九州之外,古戎地。古称昆吾,周穆王伐西戎,昆吾献赤刀。后转为伊吾,周衰,戎、狄杂居泾、渭之北伊吾之地……"①周穆王是西周时期13位君王中的第5位,即通常所说的穆天子,他在位执政的时间较长,《左传》《史记》都有关于他的事迹记载,尤其是"汲冢书"中的《竹书纪年》及《穆天子传》等文献的描绘,更让我们对这位周天子的认识获得比较丰满和立体的理解。

结合史书记载可知,周昭王十九年(公元前977年),在讨伐不能尽责贡纳的荆楚的军事行动中,因楚方在提供的渡船中使诈作假,昭王毙命于汉江中。天子外出而不得归,当时的书写者不便秉笔直书,便采取曲折而隐晦的表达方式,这笔法还受到了后来孔子的赞赏。周昭王死后,太子满继位,是为周穆王。周穆王是西周执政时间最长的一位君王,其在位始于公元前976年,直到公元前922年才结束。而对《穆天子传》所作进一步的研究也证明,周穆王西巡之事确有很多历史事实根据,且大致的行程路线、所遇部族人群、各地风物山川及出产等,也是基本清楚而准确的。昆吾人掌握着良好的冶炼与铸造技术,所作刀具史上留名,当周穆王与之相遇,被奉送"赤刀"自是应该,也是非常自然而可能的事情。那么,谁有资格代表一个地方向来自东方的更高权威履行"奉献"或"馈赠"这种礼仪行为呢?从情理和逻辑上推断,向周穆王"献赤刀"的昆吾人应该是当时当地最有说服力的代表者。这也就意味着:至少到周穆王时代即公元前10世纪中晚期的时候,昆吾人还在今天哈密地区占据着最重要的地位、执掌着政权,而此时距离夏商更替之后的昆吾族辗转西迁到达哈密,大约已经过去五六百年了。

---

① 李吉甫.元和郡县图志[M].贺次君,点校.北京:中华书局,1983:1028.

(二)昆吾人参与了粟作的西传

昆吾人西迁哈密,不仅在天山北路墓地、五堡墓地、焉不拉克墓地等处发现的蒙古人种的人骨材料上寻找到寄托点或可能性,在哈密地区粟作的经济方式接受或推广上,也可能与之有一定的相关性。简言之,尽管粟作可能会在昆吾人迁入前既已通过四坝文化、齐家文化等的影响与扩散而获得,但也有可能正是西迁的昆吾人带入了这种农作物及其种植方法,或者是他们把哈密地区已从甘青地区获得的粟作进一步发扬光大:昆吾人毕竟来自粟作经济的起源地与种植核心地带——黄河中下游地区,具备加速粟作在哈密地区扩大化、深入化的能力和经验。

我国农业发展史的相关研究成果足够证明上述推论成立的可能性。众所周知,我国是世界上粟类作物的起源地或故乡。粟、黍的驯化与栽培在1万多年前的华北地区既已出现。距今8000多年时,粟黍的栽培面积扩散到黄河中下游以及西辽河流域的大部分地区;距今5000多年的时候,已经向西推进到干旱的河西走廊,并且在西南方向上还踏上了青藏高原;更值得关注的是,在距今4000多年的时候,粟黍栽培与种植到达了新疆地区[1]。哈密位于中原、河西走廊与西域的枢纽或关键节点,是今新疆东部的重要区域,粟黍栽培要自东而西进入新疆,首先便是在今哈密地区生根开花。而哈密地区的相关考古材料也为之提供了有力证据与支撑。

五堡墓地所出的丰富文物除铜器、铁器、陶器、木器等材质的遗物之外,还出土有小米饼、青稞穗壳等[2],这应当是黄河流域的中原与关中地区以及甘青地区的农业文明,尤其是其中的粟作农业传到今哈密地区的较有力证据。这一史实的存在,不排除在较早的时候粟作已经

---

[1] 韩建业.从考古发现看八千年以来早期中国的文化基因[N].光明日报,2020-11-04(11).
[2] 新疆维吾尔自治区博物馆,新疆社会科学院考古研究所.建国以来新疆考古的主要收获[M]//文物编辑委员会.文物考古工作三十年 1949—1979.北京:文物出版社,1979:172.

通过甘青地区的相邻、相关考古学文化传入了哈密,但另外也有可能是昆吾人在西迁带入或借助他们人群的到来而进一步加速了粟作的普及与扩大。

粟的起源地是黄土高原及以北的地方,粟作的故乡在东方,已经成为学界共识。然而,五堡墓地中的小米饼及其背后的粟作农业是何时由东方来到,值得思索。

对此,有学者在综合了新疆地区的考古发现等情形之后提出,大约在距今 4000 到 3000 年的时候,借助陇西与新疆东部相对完整的地理单元的有利条件,以及便利的河西走廊之通道,齐家文化等的人们因干冷气候的迫使而西迁到哈密,继而前进到更远一些的地方,从而带去了粟作农业[①]。这一判断,指明了哈密地区粟作的到来的确曾经走过河西走廊这样一条通道,然而分析的时间框架则拉得过长——公元前 2000 年—公元前 1000 年,这样就会出现讨论或描述的精确性不足的问题,而且把传播的文化主体认定为齐家文化或卡约文化等,也可能有一定的不周全之处。齐家文化的时限范围是约公元前 2100 年—公元前 1600 年,那么倘若粟作是在公元前 1600 年之后、公元前 1000 年之前的时段内(大致前后相继的天山北路文化或焉不拉克文化时期都曾经存在的时限)经历河西走廊而传播到哈密地区,则在齐家文化已经消逝的情况下,也就不会再出现由齐家文化的人们自东而西带去粟作的结果了。

天山北路墓地中出现粟作信息的情况,可能比较明确地揭示了哈密地区在青铜时代与早期铁器时代相重叠的时期,有了粟作。

对天山北路墓地所出的人骨材料进行碳、氮同位素检测分析,可知当时的人们的食谱里面有粟黍类谷物等,他们的生业经济因所处东西交往地理中间的原因而已有融合性特征,具体讲就是"粟、麦、牧业兼容并进",而且被认为非本地既有的粟作应当是由沿着西北甘青地区向哈密迁徙的人群带去的,该粟作在哈密扎下根基后,继续向欧亚大陆的中

---

① 于建军.新疆史前考古中发现的粟类作物[J].西域研究,2012(3):71-75.

西部扩散、传播①。再结合在五堡墓地中发现小米饼这一史实,可以说至少在天山北路文化与焉不拉克文化二者更替重叠的时期,哈密地区已经引入了粟作,而这个时期是在公元前1550年左右。但是,此时也恰是卡约文化形成与肇始之际,它应该还没有向西扩张或推进到哈密地区的可能性。如此,也把可能是卡约文化的人们把粟作带到了哈密的情况排除了。而且,卡约文化主要是青海省境内的一支青铜文化,年代的上限在公元前1550年左右,下限约为公元前600年,其文化范围东起甘青交界的黄河、湟水两岸,西到海南州的兴海、同德,北抵海北州大通河流域,南到黄南州的泽库、河南,文化分布的密集区是河湟谷地与青海湖周边②。从这支文化的地域分布特征上看,并不具备向哈密地区传播粟作的条件。

尽管在齐家文化与焉不拉克文化的考古之中皆发现了粟作的证据——如齐家文化遗址中的粟粒与五堡古墓中的小米饼等,而且齐家文化的下限(公元前1600年左右)与焉不拉克文化的上限(公元前1550年左右)也存在着共时性的可能,但鉴于两种前后可能共存的考古学文化之间在空间方面还有一支四坝文化,倘若在不考量四坝文化中是否有粟作因素及其粟作状况如何的情况而径行断言焉不拉克文化中的粟作来自齐家文化,无疑是具有跳跃性的。而实际上,对于天山北路文化的形成以及之后的交流交往曾发挥了重大作用的四坝文化,其主要的生业形态便是农耕经济,种植的农作物种类有粟、黍、麦等③,在对玉门火烧沟遗址所出人骨的碳、氮同位素分析中,发现了当时人们主食中兼有麦粟的情况④,在张掖西城驿遗址中还直接发现了粟、黍、大麦、小麦等遗存,且粟的作用和比重超过了麦类⑤。

---

① 魏东.青铜时代至早期铁器时代新疆哈密地区古代人群的变迁与交流模式研究[M].北京:科学出版社,2017:26-27.
② 乔虹.浅析卡约文化陶器与周边地区的文化交流[J].四川文物,2013(3):29.
③ 李晓杨.四坝文化再研究[M]//北京联合大学文化遗产保护协会.文化遗产与公众考古(第三辑).2016:16-65.
④ 张雪莲.碳十三和氮十五分析与古代人类食物结构研究及其新进展[J].考古,2006(7):50-56.
⑤ 蒋宇超,陈国科,李水城.甘肃张掖西城驿遗址2010年浮选结果分析[J].华夏考古,2017(1):62-68.

从四坝文化所具有的毗邻哈密的地理优势来研判,再斟酌它整体上对天山北路文化及焉不拉克文化的作用与影响,四坝文化的粟作农业是较有可能像麦类作物自西亚传到哈密那样,也会扩散到哈密地区的,只不过方向是自东而西,但考虑四坝文化与天山北路文化的时间范围界限都是公元前2000—公元前1500年、焉不拉克文化的时间上限是公元前1550年左右,可以假想:如果是在三种文化共存状态时发生的粟作由东向西传播的事件,则这个时间节点应该是在公元前1550年前后;如果不是在三支文化共存时期发生了粟作西传,则应该是在公元前2000—公元前1600年发生了此事。比较公元前1550年前后这个时间点,与公元前2000—公元前1600年这个时间段,可知在后一个时间段内虽有可能——粟作与彩陶一起从四坝文化扩散与传播到天山北路文化,但目前尚缺乏显著性、标志性历史事件去佐证或支持该种可能性;而在公元前1550年前后这个时间点上,却有明显的历史事件或大体可信的文献记载来予以支撑:那就是文献基础虽然有点薄弱,但毕竟有迹可循的昆吾人西迁这件事情。倘若再考虑四坝文化与天山北路文化存在时间的上下限范围具有近似性,依照文化传播的一般情形,四坝文化也不太可能在其形成之初或早期即将粟作传递给天山北路文化。所以,即使在昆吾人向天山北路文化或焉不拉克文化带去了粟作之外,还存在四坝文化向后者提供粟作文明要素的补充情形,那也是在四坝文化及天山北路文化中后期的事情了——而这种情形恰好正落在了昆吾人西迁的时间即公元前1600年前后。

这样,在公元前1600年前后的哈密地区获得粟作经济方式上,存在两种可能性:其一是自四坝文化输入;其二是由西迁的昆吾人自遥远的中原跨越长距离带入,但他们也可能借助四坝文化中粟作对哈密的影响而施加了一力,从而促进了粟作在哈密的扩大化、深入化。但无论是后一种情况的哪种情形,昆吾人确实为粟作在哈密的落地生根做出了贡献、发挥了作用。

也就是说,鉴于天山北路文化中也有粟作现象的存在,不能说在该支考古学文化形成的早期就绝对不会接受来自四坝文化中的粟作因素,但也有可能是在该支文化的后期,在它与焉不拉克文化前后相承的时候才接受了自东而西传来的粟作——而在这个时期能够推动粟作传播到天山北路文化与焉不拉克文化之中的人群最可能是西迁的昆吾人。昆吾人来自粟作早已起源并发展开来的东方腹心之地,一路西行,他们所经历的关中地区、陇西或河西走廊,也是粟作在其到来之前既已存在的考古学文化区域。这样,昆吾人最有可能把他们携带自中原,或存在于所经历的甘青地区的粟作,一路前行地带入哈密。这样理解哈密的天山北路文化与焉不拉克文化中出现粟作因素,也算一种具备可行性的探索。

甘青地区或河西走廊的齐家文化、四坝文化或其他地方的考古学文化中的粟作要素最先影响或传播到哈密,应当是公元前2千纪的中后期——因为在与四坝文化的存在保持着共时性的天山北路文化中也有粟作因素,却不大可能是在两种文化并存的早期已由前者把粟作的文化要素传输给后者;而在年代的上限是公元前1350年的五堡墓地中发现了小米饼,这个时间节点倘若再考虑可允许加上150年的校正浮动的话,则恰好是商汤灭桀后,昆吾人离开中原而向西逃离还不太长的时候,也即公元前1600年的不久之后。所以,如果不是在地理关系上更靠近天山北路文化、焉不拉克文化的四坝文化乃至齐家文化向后两者传去了粟作,则剩余的可能性便是西迁的昆吾人把中原或甘青地区的粟作通过长距离带去了。

总之,从哈密等新疆地区的粟作之东来这样一个确定不移的事实的存在,以及哈密地区粟作的出现时间大致落在商汤灭夏桀前后的历史时期等情形或因素来看,最可能是西迁的昆吾人把当时在中原地区或齐家文化、四坝文化曾影响或覆盖的范围内已经种植的粟作,带进了哈密。

西迁的昆吾国人或许担当了一定的黄河流域粟作经营方式在哈密本地化与扩大化的作用。

六　葬式、葬俗上的某种意蕴或指向性

丧葬行为是人类的一项非常重要的实践活动,它或许伴随人类社

会的形成而一同出现,也因此而遗留给后人很多储存了丰富历史信息的古墓葬及随葬遗物等。

人类在实施埋葬行为的时候,往往把他们当时所思所想等观念性的东西融入其中,具体就表现在一定的埋葬方式、随葬器物等方面。这也就是刘庆柱先生所说的"'丧葬'是人类'思想'的最初主要'物化载体'"①。这样,通过对葬式、葬俗乃至丧葬制度的剖析和研究,便有可能解读出古墓葬埋葬时期的一些有价值的信息。譬如,从哈密地区天山北路墓地与焉不拉克墓地、拉甫乔克墓地的葬式、葬俗与随葬物品上,便可发现一些能够说明天山北路文化与焉不拉克文化既是这块土地上前后相继、稳定的文化体系,也揭示了这些墓地所代表的族群的某种愿望或对归宿的想象,等等。这种耐读性、启发性,也恰是发掘和研究这些古代墓葬的魅力所在。

例如,在葬制方面,五堡墓葬与焉不拉克古墓中的一、二期(共分三期)相同,都是屈肢葬,而且皆随葬腹耳壶、单耳罐以及其他相类似的铜、木器等。

拉甫乔克古代墓葬中所出的单耳彩陶钵或盆②,也与焉不拉克古墓中所出的同类陶器基本一样,再酌以墓坑形制等文化因素,便能够认为拉甫乔克墓葬与焉不拉克墓葬具有文化上的统一性,是同一种考古学文化。总之,鉴于五堡、焉不拉克、拉甫乔克三处遗址在空间上相近,文化内涵上又有许多相同之处,认为其皆是焉不拉克文化是成立、正确的③。

进一步放大视野和范围,并把时间界限上推及下拉,则能够找到更有说服力的事例,就是从墓葬形式方面,哈密考古学文化自成完整体系。这是因为,公元前2000—公元前1500年,在全疆地区数量有限的史前考古学文化中,只有天山北路墓地采取的是侧身屈肢葬这种葬式,而同时期,新疆北部阿勒泰地区是仰身屈肢葬,罗布泊地区是仰身直肢

---

① 李玉洁.先秦丧葬与祭祖研究[M].北京:科学出版社,2015:序二.
② 新疆考古研究所东疆队.新疆哈密拉甫乔克发现新石器时代晚期墓葬[J].考古与文物,1984(4):105-106.
③ 新疆维吾尔自治区文化厅文物处,新疆大学历史系文博干部专修班.新疆哈密焉不拉克墓地[J].考古学报,1989(3):355-356.

葬;公元前1500—公元前1000年,侧身屈肢葬呈现范围扩大态势,成为主流葬式;公元前1000—公元前500年(甚至到西汉时期),尽管今新疆地区的葬式格局再次发生变化,但此时段内哈密地区的葬式还是侧身屈肢葬①。以上说明了哈密地区考古学文化乃至背后的相关族群在这个区域存在的长期性与稳定性。

尽管在新疆之外的东、西方范围内,即中亚、伊犁河流域、中部天山与我国的甘青地区,有较广泛的竖穴洞室墓的存在,但新疆地区的竖穴洞室墓的来源却是甘青地区。我国甘青地区的马家窑文化(半山与马厂类型)、齐家文化、四坝文化、辛店文化等主要处于黄土高原,地质条件适于掏挖竖穴洞室墓,这些考古学文化又非常早,且连续性地有着竖穴洞室墓,而新疆竖穴洞室墓的主要特征在早于它的甘青地区的竖穴洞室墓中都能够找到。新疆地区西部即伊犁河流域、中亚、中部天山虽也有竖穴洞室墓,但主要是在公元前1—2世纪至3—4世纪。②

前面在引用焉不拉克第一期墓地的相关材料时曾提及,那些属于蒙古人种的遗骨的头向是东南方,埋葬方式为屈肢葬。而且屈肢葬的葬式在齐家文化、辛店文化、二里头文化乃至哈密当地的天山北路文化等墓葬中都有所发现,这些文化具有相似性。那么,焉不拉克墓地人骨的头向的东南方向,不排除是葬者或逝者对其族源的寄托。所以,头向东南,也或许隐含了对位于哈密东南方向的关中、中原等地方的向往。

历史文献记载,中原昆吾国人西迁。这些记载,在时间上皆早于中国现代考古学诞生、相关考古学文化被发现等事件,这说明,对中原昆吾国人或昆吾族群西迁这样一个重大历史事件的记述者,并没有受到后来考古学发现的影响,相反,后来的系列考古学揭露与发现(即彼此相关与连续衔接的若干考古学文化)进一步支持了早期历史文献记载是有根据、有来源的,不是空穴来风、道听途说或神话传说。

像国内其他区域一样,新疆地区也拥有悠久的历史,并以其所出东西方交流中间的地理优势而呈现出更加神奇的色彩。特别是在公元前

---

① 李小可.新疆史前时期墓葬葬式试析[D].西安:西北大学,2015:中文摘要.
② 陈戈.新疆考古论文集[M].北京:商务印书馆,2017:750-757.

2000年,新疆地区已经步入青铜时代①。

　　对新疆历史的研究、考古的探索,也是比较早就启动的事业。在新疆考古的发展历程中,不仅早期的外国人曾先行一步,我国的学人也在陆续参与,并深化着学术实践的深度、广度。譬如,在20世纪20—30年代的中瑞西北科学考察团中,黄文弼即对吐鲁番盆地、哈密地区进行调查等②。在这次具有鲜明彰显中国现代学术自觉意义的科考活动中,中方参与的学者除当时的北大教务长徐炳昶(即后来众所周知的因为寻找"夏墟"而得以揭开了二里头遗址神秘面纱的徐旭生),还有考古学者黄文弼、地质学者袁复礼等人。近几十年来,关于新疆考古的力度进一步加大,研究成果越来越多、越来越好。

　　综合这些成就或成绩积淀,可知对于马家窑文化、齐家文化、辛店文化、四坝文化、天山北路文化、焉不拉克文化、二里头文化等的认识更详尽了,内涵揭示得也进一步清晰了,等等。如此卓有成效的学术收获,为讨论文献记载的中原昆吾人是否西迁到达哈密地区提供了分析框架。

　　概而言之,串、并联上述考古学文化或少数的历史时期的文化,并加以合理推导、认真研判,从它们相互之间的交流交往中,基本能够认定中原昆吾国(族)人借助曾经存在的由若干考古学文化组织起来的、覆盖了包括河西走廊在内的西北广大地区的时空渠道,由东部地区进入到了西部地区。

　　文献记载的中原昆吾族群在夏商交替之后逐渐西迁至哈密一事,因此可信。

---

　　① 王炳华.新疆地区青铜时代考古文化试析[J].新疆社会科学,1985(4):50-61.
　　② 黄文弼.蒙新考察日记(1927—1930)[M].黄烈,整理.北京:文物出版社,1990:150-173.

结 论

一 关于中原昆吾族人的认识有根有据

对于我国早期历史的研究、认识或判断,曾经有一些西方学者以及某些国内学者,受限于各种主、客观因素的制约与影响,有意或无意地压缩其固有之长度。具体说就是:否定夏朝(代)及其以前文明史的存在,甚至在殷墟发掘之前连商朝的真实性等都予以质疑、否定。然而,随着学术研究的持续推进,以及中国百余年的科学考古事业的逐步发展,尤其是在新时代背景下我国学术体系、学科体系、话语体系建设的不断实施,对我国古代历史和考古研究的深化,中国至少有五千年文明史的事实是不容撼摇的。本书内容在历史时段上落入夏末、商初,有史实根基。

夏、商交替之际,作为夏王朝之方国与同盟者的昆吾,曾经是商汤攻灭夏桀历史进程中的一个重要对象或目标。诸种先秦文献或后人对文献的注疏等,都就相关事态进展和后续结果等给予了记载或表达(如《诗经》《左传》《竹书纪年》《穆天子传》《礼记》《孟子》等)。一些学者还把昆吾国在中原的具体方位,即地望,标示在地图上。像谭其骧与郭沫若这样的文史名家、大家,在他们编著的地图册上,就分别有昆吾①,尽管两先生的认定并不一致,但也足以说明昆吾国或昆吾族曾引起了他们共同的关注。

而当时的诸如"顾""室韦""昆吾"等这些方国,虽名为"国",实则不过是夏王朝之下的一级地方政治实体或组织形态,并不是自1648年欧洲《威斯特伐里亚公约》之后才逐步形成和出现的"民族国家",更无法与当今世界上作为国际社会平等主体的"国家"画等号。中国历史上所出现的在某一个最高政权之下的所谓"国",其实大致皆如"昆吾国"一样,并没有完全的自主性,不拥有独立地位。

参阅、对比若干时下的研究著述,可知古代的昆吾国(族)人问题,是相当清楚的。譬如,张国硕教授运用新近考古材料与古代文献相结合的研究方法,所得出的结论是目前比较稳健而有说服力的。张教授认为,2010年进行考古发掘的新郑望京楼遗址最可能是昆吾之居,而许昌东、濮阳、山西夏县(安邑)等是昆吾之地望的说法,在二重证据法的有效性与强度方面,不及望京楼一说。

虽然张国硕教授认为望京楼遗址是有别于昆吾在当今许昌东这样一种比较传统且权威的观点或认识,但鉴于望京楼遗址与许昌东的距离甚近,或许望京楼遗址的发现、发掘恰恰是进一步佐证了许昌东一说的正确性,即不排除这样一种可能的历史事实:望京楼遗址是昆吾国的都城,而昆吾国的疆域范围涵盖了许昌东。

总之,无论是认为先秦时期的中原昆吾人繁衍与生息于许昌东,还是濮阳,抑或安邑,其范围皆落在广义的中原区域之内。因此,古代中原有昆吾国或昆吾人,是一个历史事实,确当无疑。

---

① 谭其骧.简明中国历史地图集[M].北京:中国地图出版社,1991:5-8;郭沫若.中国史稿地图集:上册[M].2版.北京:中国地图出版社,1996:10.

结　论

二　哈密之称"昆吾"当是由中原昆吾族群的迁徙而得名

　　地名学与历史变迁密切相关。越是早期的地名，可能越能揭示早期的历史信息。

　　而哈密早期之名称"昆吾"与乌孙"昆莫"无涉，应该在乌孙等族群出现以前，去探寻哈密曾称"昆吾"的历史原因。

　　曾有一说，认为乌孙族之王称"昆莫（弥）"，因音译或音变之故，遂把乌孙居住过的数个地方之中的一处称为昆吾，而此地即是哈密①。其实，作为地名的"昆吾"与作为族群之首领称谓的"昆莫（弥）"，并没有关联，不能从乌孙族的历史演变中试图寻找哈密更早期的族源或族属问题②。

　　另外，乌孙族的出现或形成大约是在战国、秦汉，比本书切入的时间即公元前17世纪以前的夏商更替之际，要晚很多（1500年左右）。而从考古上看，早至距今1.1万年的时候（旧石器时期晚期），今之哈密地区已经有人群居住或活动了。

　　如果排除掉哈密古称"昆吾"与乌孙"昆莫（弥）"之间的勾连，最可能的历史情景是：在公元前17世纪的商汤灭夏桀的进程中，从中原往西北或西、北两个方向逃溃（这条路线的走向吻合有文献记载的商汤攻灭夏桀的战略推进之进程）的中原地区的昆吾人，是完全可能一路辗转、最终到达今之新疆哈密的。倘若如此，命名其人新居之地为"昆吾"，当是顺理成章。

　　由于古文献在此时段问题上的证明力的有限性，便对考古材料提出了迫切需求。就佐证此说的有力的考古材料而言，虽然在数量上还

---

　　① 苏北海.汉代乌孙居地考[J].新疆师范大学学报（哲学社会科学版），1985(1):18.
　　② 马千希."哈密"地名考辨：与苏北海先生商榷[J].新疆师范大学学报（哲学社会科学版），1994(2):52-57.

不够多,然而毕竟也有一些。譬如,在哈密发掘到了具有商代文化特征的遗物;古墓葬中的人骨所表现出来的人种,亦有蒙古人特征者;出土了堪与中原彩陶比较和对照的陶器;天山东麓的考古中更是找到了具有相类于夏、商之时的四坝文化的古遗址;等等。从西安的关中平原往西看过去,或者经过山西、陕西北部等地方的草原交通线上,大致已经能够把夏、商时期的一些考古材料,诸如遗迹、遗址、遗物,串联成一线了,这初步能够有说服力地证明古代中原昆吾人是怎样迁徙到了今新疆哈密的。

三 文献与考古俱证实昆吾族群曾西迁到达哈密

  从文献与考古二重证据的角度看,曾是夏王朝同盟者的昆吾族群在夏商更迭之际,沿着河西走廊,辗转千万里,进入今天新疆哈密地区,并在此长期繁衍、存在、发展。昆吾族人当是历史上在哈密地区最早留下清晰身影、准确族属名称的开发者。

  这段历史是:公元前 1600 年前后,来自中原地区的昆吾族群为了避免遭受已经在王朝替代过程中取得决定性胜利的商人的持续性军事打击,克服各种险阻,长距离迁徙,到达并落脚于今新疆哈密。他们的到来,带来或深化了粟作农业、彩陶文化等在当地的推广与普及应用,传播了先进文化与文明因素,客观上推动和促进了哈密地区的早期开发与建设。

  通过比较中原地区的二里头文化、哈密地区的天山北路文化与焉不拉克文化文化,以及处于它们中间的甘青地区的马家窑文化、齐家文化、四坝文化之异同,能够确证昆吾人从中原西迁到哈密是有真实凭据的。

  传世文献关于昆吾人西迁哈密的记载,虽然因时代久远而粗疏或影影绰绰,却也真实、可信。